Langenscheidt

Englisch im Handgepäck

100 Wörter lernen – 500 Sätze sprechen

Langenscheidt

Berlin · München · Wien · Zürich · New York

Herausgegeben von der Langenscheidt-Redaktion
Autorin: Christiane Bohner

basically – grundsätzlich, prinzipiell, im Grunde/Prinzip, hauptsächlich, im wesentlichen
patient – geduldig
shush! – Pst!
not yet – noch nicht
exciting – aufregend, spannend
impressing – beeindruckend
shelf – Regal

Satz: Franzis print & media GmbH, München
Printed in Germany
ISBN 978-3-468-22601-4

10010

Inhalt

Benutzerhinweise

- Dieser Sprachführer macht es Ihnen so leicht wie möglich, sich im englischsprachigen Ausland zu verständigen: Sie lernen nur 100 Wörter, mit denen Sie über 500 Sätze sprechen und somit alle relevanten Reisesituationen meistern können! Um den größtmöglichen Nutzen aus diesem Buch zu ziehen, gehen Sie bitte wie folgt vor:
- Lernen Sie zunächst die 100 Wörter im nachfolgenden Hundertwortschatz. Diese wurden nicht alphabetisch geordnet, sondern in sinnhafte Gruppen gegliedert, um Ihnen das Einprägen zusätzlich zu erleichtern. Bei den Zeitwörtern finden Sie nur die Formen, die Sie später tatsächlich benötigen. Alle Formen eines Zeitworts sind in einem Eintrag zusammengefasst.
- Sie müssen nur 100 Wörter lernen, aber Ihr Grundwortschatz ist eigentlich schon viel breiter, denn aus den Einzelwörtern kann man Zusammensetzungen bilden. Wenn sie *meal* (Essen) und *time* (Zeit) kennen, verstehen sie z.B. *mealtimes* (Essenszeiten). Die wichtigsten Zusammensetzungen, die man aus den 100 Wörtern bilden kann, finden Sie als Untereinträge im Hundertwortschatz.
- Sowohl im Hundertwortschatz als auch in den einzelnen Kapiteln gibt es gelb eingerahmte Sprachtipps, die Ihnen die wichtigsten Regeln und sprachlichen Besonderheiten des Englischen anhand von Beispielen erläutern.
- Darüber hinaus informieren Sie die grün umrahmten Landestipps über bestimmte Gepflogenheiten in Großbritannien, die für den deutschsprachigen Besucher zunächst neu und ungewohnt sein könnten.

- In den einzelnen Kapiteln finden Sie – nach Themen geordnet – die wichtigsten Sätze und Ausdrücke, die Sie in der jeweiligen Situation sprechen oder auch verstehen möchten. Dabei handelt es sich bewusst um Sätze aus dem tatsächlich gesprochenen Alltagsenglisch.
  An einigen Stellen wurden die Sätze durch Bilder ergänzt; das jeweilige englische Wort zum Bild ist jedoch direkt darunter angegeben und kann als weitere Alternative in den Satz (an der Stelle „…") eingesetzt werden.
- Im gesprochenen Englisch gibt es viele feste Wendungen: Das sind Wörter in fester Reihenfolge, die in genau dieser Verbindung eine neue Bedeutung annehmen, die oft nichts mehr mit der Bedeutung der einzelnen Wörter zu tun hat. Um für Sie die Benutzung dieser festen Wendungen zu vereinfachen, wurden diese in den Kapiteln mit Fußnoten gekennzeichnet und außerdem ins Wörterbuch aufgenommen.
- Das Wörterbuch ganz am Ende dieses Buches bietet Ihnen die Möglichkeit des alphabetischen Nachschlagens aller englischen Begriffe. Im Wörterbuch finden Sie alle Wörter aus dem Hundertwortschatz, alle Bild-Wörter sowie alle festen Wendungen aus den Kapiteln.
- Damit Ihnen die Aussprache keine Mühe bereitet, steht in allen drei Teilen dieses Buches (Hundertwortschatz, Satzmuster zu den Reisesituationen, Wörterbuch) bei jedem englischen Wort immer die vereinfachte Lautschrift. Bei dieser Lautschrift wurde vom Deutschen ausgegangen, d. h. bis auf wenige Ausnahmen werden alle Buchstaben so ausgesprochen, wie Sie es vom Deutschen gewohnt sind.

Bitte beachten Sie aber die folgenden Besonderheiten bzw. Sonderzeichen:

ə wird gesprochen wie das *e* in *bitte*
ɔ wird offen gesprochen, wie das *o* in *morgen*
s wird stimmhaft gesprochen, wie das *s* in *sehen*
ß wird stimmlos gesprochen, wie *s* in *das* oder *ß* in *Straße*
ð gelispeltes stimmhaftes *s*
θ gelispeltes stimmloses *ß*
v wie deutsches *w* in *wenig*
w wie *u* und *w* schnell hintereinander gesprochen
h hinter einem Selbstlaut: Dehnung wie in *Stuhl*

Das Zeichen ' schließlich bedeutet, dass die nachfolgende Silbe betont ausgesprochen werden soll.

who? – wer?
whose? – wessen?
whom?/who? – wem?/wen?
which? – welche/r/s
What are you looking for?
Wonach suchen sie?
Who are you speaking to?
Mit wem sprechen sie?
What are you laughing at?
Worüber lachen sie?

Vokabeln:

actually – eigentlich, nämlich, tatsächlich, in Wirklichkeit / sogar, wirklich, genau genommen

sort of… – so ein/e so 'n so 'ne

ridiculous – lächerlich

well – gut ⇒ Adverb ⇒ kommt/beschreibt Verb

like „well done"
(↑ Verb)

well heißt auch: also, naja … (zweifelnd)

mercy – Gnade, Erbarmen, Segen, Glück

to mean – meinen, bedeuten

Singular: this
dieser, diese, dieses

that
jener, jene, jenes

Plural: these
diese

those
jene

will not ⇔ won't

Hundertwortschatz

1	**yes** jeß	ja
2	**no** nou	nein; kein/keine
	not nɔt	nicht
3	**the** ðə	der/die/das
4	**a** ə	ein/eine
	an än	ein/eine

Sprachtipp

Da es im Englischen nur den einen bestimmten Artikel *the* (ðə) gibt, haben die Hauptwörter auch kein Geschlecht (wie z. B. im Deutschen). Ebenso gibt es nur einen unbestimmten Artikel, nämlich *a*.
Allerdings wird *a* vor Wörtern, die in der Schreibung bzw. Aussprache mit einem Selbstlaut beginnen, immer zu *an* (z. B. *an evening* = ein Abend), um die Aussprache zu erleichtern. *The* wird vor solchen Wörtern anders ausgesprochen, nämlich ði: *the other day* (ði ˈaðə däi). Die Schreibung bleibt aber gleich.

5	**and** änd	und
6	**very** ˈveri	sehr
7	**too** tuh	auch; zu
8	**but** bat	aber; sondern
9	**I** ai	ich
10	**me** mi	mir/mich

11	**my** mai	mein/meine
12	**we** wi	wir
13	**us** aß	uns
14	**our** ˈauə	unser/unsere
15	**you** ju	du; Sie; ihr
	your jɔ	dein(e); Ihr(e); euer(e)
16	**it** it	es
17	**some/any** ßam/ˈeni	einige, ein paar
	someone/anyone ˈßamwan/ˈeniwan	(irgend)jemand
	something/anything ˈßamθing/ˈeniθing	(irgend)etwas
	somewhere/anywhere ˈßamweə/ˈeniweə	irgendwo
18	**other** ˈaðə	andere, übrige
	another əˈnaðə	ein anderer/eine andere/ ein anderes
19	**half** hahf	halb; Hälfte
20	**one** wan	eins
21	**two** tuh	zwei
22	**many** ˈmeni	viel/viele
	much matsch	viel
23	**more** mɔ	mehr
	most moust	meist, am meisten
24	**all** ɔl	alle, alles

to suppose – sich vorstellen, annehmen, denken

Sprachtipp

Vor zählbaren Begriffen verwendet man *many* (z. B. *many nights* = viele Nächte) und vor nicht zählbaren Begriffen *much* (z. B. *much time* = viel Zeit).
In Fragen und verneinten Sätzen benutzt man fast immer die Formen *any* bzw. *anything* oder *anyone* – z. B. *Are there any drinks for us?* (Gibt es ein paar Getränke für uns?)

25	**thing** θing	Ding, Sache
26	**day** däi	Tag
	today tə'däi	heute
27	**morning** 'mɔhning	Morgen
28	**evening** 'ihvning	Abend
29	**night** nait	Nacht
	tonight tə'nait	heute Abend/Nacht
30	**name** näim	Name; (be)nennen
31	**way** wäi	Weg; Art und Weise
	away ə'wäi	weg, fort
32	**room** ruhm	Zimmer; Platz
33	**bed** bed	Bett
34	**Germany** 'dschömәni	Deutschland*
	German 'dschömәn	deutsch

* Lernen Sie bitte nur entsprechend Ihrem Herkunftsland:

Austria 'ɔßtriə	Österreich
Austrian 'ɔßtriən	österreichisch
Switzerland 'ßwitßələnd	die Schweiz
Swiss ßwiß	schweizerisch

35 **meal** mihl	Mahlzeit, Essen
mealtimes ˈmihltaims	Essenszeiten
36 **ticket** ˈtikət	Fahrkarte; Eintrittskarte; Ticket
37 **size** ßais	Größe
38 **present** ˈpresənt	Geschenk; Gegenwart
39 **time** taim	Zeit; Mal; Aufenthalt

Sprachtipp

Im Englischen wird die Mehrzahl in den allermeisten Fällen durch das Anhängen eines „s“ an das Hauptwort gebildet: *name – names*; *room – rooms* oder *ticket – tickets*.

40 **good** gud	gut
better ˈbetə	besser
best beßt	am besten; der/die/das Beste
41 **well** wel	gut [Umstandswort]; gesund; also; durchaus

Sprachtipp

Ein Umstandswort beschreibt, wie man etwas tut, z. B.: *It closes nicely* (Es geht schön zu.). Es wird meistens gebildet, indem man die Silbe *-ly* an das Eigenschaftswort hängt. Eine Ausnahme bildet *good* mit dem Umstandswort *well*.

42 **nice** naiß	nett; schön
43 **right** rait	richtig; rechts; Recht
44 **large** lahdsch	groß

Sprachtipp

Alle kürzeren Eigenschaftswörter werden gesteigert, indem man die Endungen *-er* bzw. *-est* anhängt: *small* (klein) – *smaller* (kleiner) – *smallest* (am kleinsten).
Manchmal gibt es aber auch unregelmäßige Formen, wie z. B. *better* (besser) oder *next* (nächst).

45	**small** smɔl	klein
46	**ready** ˈredi	fertig
47	**late** läit	spät
48	**near** niə	nah, in der Nähe
	next next	nächst
	nearby ˈniəbai	nahe gelegen
49	**expensive** ixˈpensiv	teuer
50	**this** ðiß	dieser/diese/dieses
	these ðihs	diese [Mehrzahl]
51	**that** ðät	jener/jene/jenes; das; so; dass
	those ðous	jene [Mehrzahl]

Sprachtipp

Das Wort *that* kann man auch verwenden, um etwas näher zu beschreiben, wie z. B. in: *I need a room that's not too expensive* (Ich brauche ein Zimmer, das nicht zu teuer ist.). Manchmal kann man es weglassen: *Take all the time you need* bedeutet dasselbe wie *Take all the time that you need* (Nehmen Sie sich die Zeit, die Sie brauchen.).

52	**which** witsch	welcher/welche/welches
53	**what** wɔt	was
54	**when** wen	wann; (dann) wenn
55	**where** weə	wo
56	**how** hau	wie
57	**tomorrow** tə'mɔrou	morgen
58	**now** nau	jetzt
	right now rait nau	sofort
59	**here** hiə	hier
60	**there** ðeə	da, dort
	There is/There are … ðər is/ðər ah	Es gibt …

Sprachtipp

There is … verwendet man bei einem Begriff in der Einzahl, wie z. B. bei *There is no bed* (Es gibt kein Bett.). Folgt jedoch ein Begriff in der Mehrzahl, sagt man: *There are two beds in the room* (Es gibt zwei Betten im Zimmer.).

61	**on** ɔn	auf; in; am
62	**at** ät	auf; in; um
63	**in** in	in; in Mode
64	**to** tə	nach, zu
65	**with** wið	mit
66	**for** fɔ	für; denn; seit

67	**of** ɔv	von
68	**from** frɔm	von, aus
69	**by** bai	bis; mit; bei

Sprachtipp

Diese kleinen Wörter (61–69) gehen gerne Verbindungen mit bestimmten Zeitwörtern ein. So wird zum Beispiel aus *get* (bekommen) und *on* das Zeitwort *get on*, was „miteinander auskommen" bedeutet: *They get on well* (Sie kommen gut miteinander aus.). Sie finden alle diese Verbindungen auch im Wörterbuch am Ende dieses Buches.

70	**Hello.** hə'lou	Guten Tag/Morgen/Abend.
71	**Goodbye.** gud'bai	Auf Wiedersehen.
	Bye-bye. bai bai	Tschüs.
72	**thank** θänk	danken
	thanks θänkß	der Dank, danke
73	**please** plihs	bitte; gefallen, erfreuen
	be pleased with bi plihsd wið	zufrieden sein mit
74	**Excuse me, …** ix'kjuhs mi	Entschuldigen Sie, …
75	**Sorry.** 'ßɔri	Verzeihung./Es tut mir leid.
	Sorry? 'ßɔri	Wie bitte?
76	**be** bi	sein
	am äm	[ich] bin
	are ah	[du] bist; [wir] sind
	is is	[er/sie/es] ist

	was wɔs	[ich; er/sie/es] war
	were wöh	[du] warst; [Sie] waren
77	**do** du	tun, machen; Fete
	does das	[er/sie/es] tut
	did did	tat [Vergangenheit]
78	**want to** wɔnt tə	wollen/will, mögen/mag
79	**can** kän	können/kann
	could kud	konnte; könnte
80	**would like** wud laik	möchte(n) gerne, würde(n) gerne
	like laik	mögen, gefallen; wie
81	**have** häv	haben
	has häs	[er/sie/es] hat
	had häd	hatte [Vergangenheit]
	have to häv tu	müssen
82	**need** nihd	brauchen

Sprachtipp

Das Zeitwort *do* benötigt man im Englischen sehr häufig, z. B. zur Bildung von Fragesätzen: *Does it start at one?* (Beginnt es um ein Uhr?) oder *Where did you lose it?* (Wo haben Sie es verloren?). In der Vergangenheit lautet die Form immer *did*; in der 3. Person Einzahl (er/sie/es) der Gegenwart muss es *does* heißen.
Zur Verneinung von Sätzen benutzt man ebenfalls Formen von *do*, an die man das zu „n't" abgekürzte Wort *not* anhängt: *I don't want to pay for that* (Ich möchte das nicht bezahlen.). Diese Verschmelzung von *not* mit dem dazugehörigen Zeitwort gibt es auch bei *can't* (= *can not*), *doesn't* (= *does not*) oder *isn't* (= *is not*).

83	**go** gou	gehen
	goes gous	[er/sie/es] geht
	gone gɔn	verloren, verschwunden
	went went	ging [Vergangenheit]
	going to ˈgouing tə	werden [Zukunftsform]
84	**see** ßih	sehen; besuchen
85	**get** get	bekommen; werden; verstehen
	got gɔt	bekam, wurde [Vergangenheit]
86	**take** täik	nehmen; dauern; aushalten
	takeaway ˈtäikəwäi	Restaurant mit Straßenverkauf
87	**give** giv	geben
88	**pay** päi	(be)zahlen
89	**show** schou	zeigen; Vorstellung, Show
90	**look** luk	schauen, aussehen; Blick; Aussehen
	looking for ˈluking fɔ	suchen
91	**help** help	helfen; Hilfe
92	**call** kɔhl	(an)rufen; Anruf
	called kɔhld	gerufen; namens
93	**start** ßtaht	beginnen; Beginn
94	**open** ˈoupən	öffnen; geöffnet
95	**close** klous	schließen
	closed klousd	geschlossen
	close kloußß	nah; schwül
96	**eat** iht	essen
97	**drink** drink	trinken; Getränk

98	**break** bräik	kaputtmachen, (zer-) brechen; Pause, Ferien
	break in bräik in	einbrechen
	break-in ˈbräik-in	Einbruch
	broken ˈbroukən	kaputt; gebrochen
99	**fix** fix	reparieren
	fixed fixt	fest(gelegt), repariert
100	**lose** luhs	verlieren
	lost lɔßt	verirrt

Sprachtipp

Will man im Englischen ausdrücken, dass etwas gerade im Moment passiert, benutzt man dafür eine Form von *be* zusammen mit der so genannten „ing-Form" des Zeitworts: *I am looking for a room* (Ich suche – jetzt gerade! – ein Zimmer.) oder *What are you doing?* (Was machst du/machen Sie im Moment?).
Die Endung *-ed* an einem Zeitwort bildet hingegen die Vergangheitsform bei den meisten (= regelmäßigen) Zeitwörtern: *I called you this morning* (Ich rief Sie/dich heute Morgen an.). Bei manchen Zeitwörtern ist diese Form aber unregelmäßig, wie z. B. die Vergangenheit *got* von der Grundform *get* oder *went* von *go*.
Will man etwas in der Zukunft ausdrücken, so nimmt man dafür die passende Form von *be* plus der festen Form *going to* und dann das jeweilige Zeitwort: *It is going to take two days* (Es wird zwei Tage dauern.).
Sowohl für die Vergangenheit als auch für die Zukunft gibt es weitere Formen. Sie werden in diesem Buch aber nicht behandelt, damit das Lernen für Sie nicht unnötig kompliziert wird.

Von Mensch zu Mensch

Jemanden begrüßen

Die folgende Begrüßung passt zu fast jeder Tages- und Nachtzeit:

Hello. hə'lou — Guten Tag/Morgen/Abend.

Falls Ihre Begrüßung vor allem Ihre Anwesenheit verkünden sollte, aber sich niemand daraufhin zeigt, können Sie noch hinzufügen:

Anyone there? 'eniwan ðeə — Ist da jemand?

Auf britisch-diskrete Art können Sie in jeder Situation so um Aufmerksamkeit bitten:

Excuse me, please. ix'kjuhs mi plihs — Entschuldigung!

Etwas spezifischer können Sie zur Begrüßung auch sagen:

Good morning. gud 'mɔhning — Guten Morgen.

Good evening. gud 'ihvning — Guten Abend.

Landestipp

Wenn Sie eine Person mit Nachnamen ansprechen, lautet die korrekte Anrede für einen Mann *Mr* (Herr; gesprochen 'mißtə) und für eine verheiratete Frau *Mrs* ('mißis). Wenn man nicht weiß, ob die betreffende Frau verheiratet ist, verwendet man am besten die neutrale Anrede *Ms* (mis). Sie werden vielleicht auch feststellen, dass man in Großbritannien oft schneller per Vornamen ist als in deutschsprachigen Ländern.

How nice to see you. hau naiß tə ßih ju — Wie schön Sie/dich/euch zu sehen!

How nice to see the two of you. hau naiß tə ßih ðə tuh ɔv ju — Wie schön Sie/euch beide zu treffen!

Sprachtipp

Im Englischen gibt es keine eigenen Formen für „du“ und „Sie“. In solchen Sätzen wie den beiden obigen kann also das englische *you* auf Deutsch „du“ (bzw. „dich“), „Sie“ oder auch „ihr“ (bzw. „euch“) bedeuten. Wegen der Lesefreundlichkeit wird auf den folgenden Seiten aber immer nur die höfliche „Sie“-Form in der Übersetzung verwendet (außer in den Fällen, wo *you* ganz eindeutig nur dem deutschen „du“ entspricht).

Sich verabschieden

Verabschieden können Sie sich entweder förmlich:

Goodbye. gud'bai — Auf Wiedersehen.

Good night. gud nait — Gute Nacht.

... oder auch informell:

Bye! 'bai — Wiedersehen!

Bye-bye! bai'bai — Wiedersehen!/Tschüs!

See you. ßih ju — Tschüs!

See you later. ßih ju 'läitə — Tschüs!/Bis nachher!

… und wenn Sie möchten auch bis zum Zeitpunkt Ihres Wiedersehens:

See you at … [Uhrzeit]. ßih ju ät	Bis um …!
See you tomorrow at … [Uhrzeit]. ßih ju təˈmɔrou ät	Bis morgen um …!
See you at … [Uhrzeit] in the morning. ßih ju ät … in ðə ˈmɔhning	Bis um … Uhr morgens!
See you at … [Uhrzeit] in the evening. ßih ju ät … in ðə ˈihvning	Bis um … Uhr abends!

Zahlen bzw. Uhrzeiten zum Einsetzen finden Sie auf Seite 111.

Sprachtipp

In Großbritannien benutzt man meistens nur die 12-Stunden-Uhr, sodass Sie bei der Nennung der Uhrzeit noch die Tageszeit (*in the morning* bzw. *in the evening*) angeben können, um Missverständnisse auszuschließen. Die Minuten können Sie ganz einfach als Zahl an die Stunde anhängen, so bedeutet z. B. *seven thirty* 7.30 h oder 19.30 h.

See you at one. ßih ju ät wan	Bis um eins!
See you tomorrow at one. ßih ju təˈmɔrou ät wan	Bis morgen um eins!

See you at two. ßih ju ät tuh	Bis um zwei!
See you tomorrow at two. ßih ju təˈmɔrou ät tuh	Bis morgen um zwei!
See you this evening. ßih ju ðiß ˈihvning	Bis heute Abend!
See you tonight. ßih ju təˈnait	Bis heute Abend/Nacht!
See you tomorrow. ßih ju təˈmɔrou	Bis morgen!
See you tomorrow morning. ßih ju təˈmɔrou ˈmɔhning	Bis morgen früh!
See you tomorrow night. ßih ju təˈmɔrou nait	Bis morgen Abend/Nacht!
See you on … ßih ju ɔn	Bis am …!

Die Wochentage zum Einsetzen finden Sie auf Seite 112.

Außerdem können Sie natürlich auch noch den Ort Ihres Wiedersehens benennen:

See you at the … ßih ju ät ðə	Bis im/am/an der …!

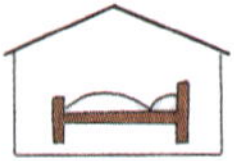

hotel
houˈtel

restaurant
ˈreßtərɔnt

bar
bah

pool
puhl

See you at the … ßih ju ät ðə — Bis im/am/an der …!

beach
bihtsch

café
käˈfäi

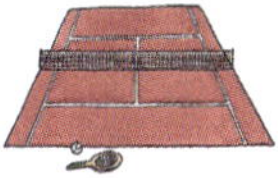

tennis court
ˈteniß kɔht

theatre
ˈθiətə

Zum Abschied kann man dem anderen noch einen guten Wunsch mit auf den Weg geben:

Have a nice day. häv ə naiß däi	Einen schönen Tag noch!
Have a nice day, you two. häv ə naiß däi ju tuh	Ihnen beiden noch einen schönen Tag!
Have a nice evening. häv ə naiß ˈihvning	Einen schönen Abend noch!
Have a nice evening, you two. häv ə naiß ˈihvning ju tuh	Ihnen beiden noch einen schönen Abend!
All the best. ɔl ðə beßt	Alles Gute!/Viel Glück!
All the best to you. ɔl ðə beßt tə ju	Alles Gute/Viel Glück für Sie!
Thanks, and to you. θänkß änd tə ju	Danke, für Sie auch!

Sich vorstellen

So können Sie sich oder andere Personen vorstellen:

My name is … mai näim is	Ich heiße …
Our name is … ˈauə näim is	Wir heißen …

I am ... ai äm	Ich bin/heiße ...
This is ... [Name der Person, die Sie vorstellen möchten]. ðiß is	Das ist ...
These are ... [Namen der Personen, die Sie vorstellen möchten]. ðihs ah	Das sind ...
How do you do? hau du ju du	Sehr erfreut (Sie kennen zu lernen).

Landestipp

How do you do? (Wörtl.: Wie geht es dir/Ihnen?) ist gar keine echte Frage mehr, sondern nur noch eine formell-höfliche Floskel, die man benutzt, wenn einem jemand vorgestellt wird. Aus diesem Grund lautet die „Antwort“ darauf ebenso: *How do you do?*
Das Händeschütteln findet man auf den britischen Inseln übrigens eher selten; selbst wenn man eine Person zum ersten Mal trifft, gibt man sich nicht unbedingt die Hand.

Wenn Sie den Namen Ihres Gegenübers nicht verstanden haben, sagen Sie einfach:

I'm sorry, I didn't get your name. aim ˈßɔri ai didnt get jɔ näim	Es tut mir leid, ich habe Ihren Namen nicht verstanden.
What was it, please? wɔt wɔs it plihs	Wie war er doch gleich?

Sprachtipp

Wie Sie in den letzten Sätzen nochmals sehen konnten, lautet die Vergangenheitsform von *do* (tun) *did* (tat) und von *is* (ist) *was* (war).

Falls Sie den neuen Namen etwas später nicht mehr parat haben sollten, scheuen Sie sich nicht zu sagen:

Sorry, but I'm not very good with names. ˈßɔri bat aim nɔt ˈveri gud wið näims	Es tut mir leid, aber ich habe kein sehr gutes Namensgedächtnis!
Could you give me your name one more time, please? kud ju giv mi jɔ näim wan mɔ taim plihs	Könnten Sie bitte noch einmal Ihren Namen nennen?

Und so können Sie das Thema „Namen nennen" angehen, wenn es vorher zu keiner „offiziellen" Vorstellung gekommen ist:

By the way*, what's your name, please? bai ðə wäi wɔtß jɔ näim plihs	Übrigens, wie heißen Sie denn bitte?
Could I have your name, please? kud ai häv jɔ näim plihs	Könnte ich bitte Ihren Namen wissen?
By the way, my name is … bai ðə wai mai näim is	Ich heiße übrigens …

* Achtung feste Wendung:
by the way bai ðə wäi — übrigens

By the way, I am …
bai ðə wäi ai äm

Ich bin/heiße übrigens …

I'm called … by the way.
aim kɔhld … bai ðə wäi

Ich heiße übrigens …

We're called …
ˈwiə kɔhld

Wir heißen …

Sprachtipp

Ein ganz typisches Merkmal des gesprochenen Englisch ist das häufige Zusammenziehen von aufeinander folgenden Wörtern. Sie erkennen das bei den Sätzen auf diesen Seiten sowohl an der Schreibung als auch an der Aussprache: Statt *what is* schreibt (und sagt) man z. B. *what's,* statt *I am* einfach nur *I'm* und aus *that is* wird *that's*. Weil dabei immer ein Buchstabe wegfällt (z. B. das *i* von *is*), setzt man an dieser Stelle im Wort ein Auslassungszeichen.

Fremde (Vor-)Namen können für beide Seiten zunächst ein bisschen schwierig sein, auch wenn sie noch so schön klingen:

What a nice name.
wɔt ə naiß näim

Was für ein schöner Name!

That's a very nice name.
ðätß ə ˈveri naiß näim

Das ist aber ein sehr schöner Name!

That's a name like no other name. ðätß ə näim laik nou ˈaðə näim

Das ist ein ungewöhnlicher Name.

Where is that name from?
ˈweər is ðät näim frɔm

Wo kommt dieser Name her?

Is that a German* name? is ðät ə ˈdschömən näim	Ist das ein deutscher Name?
Yes, that's a German name. jeß ðätß ə ˈdschömən näim	Ja, das ist ein deutscher Name.
Yes, it could well be a German name. jeß it kud wel bi ə ˈdschömən näim	Ja, es könnte durchaus ein deutscher Name sein.

Bei der Aussprache von Namen ist man oft sehr kritisch:

I have to get your name right. ai häv tə get jɔ näim rait	Ich muss Ihren Namen einfach richtig aussprechen!
But that was very good to start with.** bat ðät wɔs ˈveri gud tə ßtaht wið	Aber das war doch für den Anfang schon sehr gut!
You're good with names. juə gud wið näims	Sie sind aber gut, wenn es um Namen geht!

Sich bedanken

Hier finden Sie einige der vielen Möglichkeiten, sich für etwas zu bedanken – zunächst einmal ganz generell:

Thank you. θänk ju	Danke.
Thanks. θänkß	Danke.

---

* **Austrian** ˈɔßtriən	österreichisch
Swiss ßwiß	schweizerisch
** Achtung feste Wendung:	
to start with tə ßtaht wið	für den Anfang, zunächst

Thank you very much. θänk ju ˈveri matsch	Vielen Dank.
Thanks very much. θänkß ˈveri matsch	Vielen Dank.
Many, many thanks. ˈmeni ˈmeni θänkß	Vielen, vielen Dank!

… oder ein bisschen ausführlicher:

That is very good of you. ðät is ˈveri gud ɔv ju	Das ist ganz reizend von Ihnen.
Thank you very much for all that. θänk ju ˈveri matsch fɔ ɔl ðät	Vielen Dank für alles!
We would like to thank you for all of this. wi wud laik tə θänk ju fɔ ɔl ɔv ðiß	Wir möchten uns gerne bei Ihnen für das alles bedanken.
How can I thank you? hau kän ai θänk ju	Wie kann ich Ihnen nur danken?
How can we thank you for that? hau kän wi θänk ju fɔ ðät	Wie können wir Ihnen das je danken?

Sicherlich werden Sie nicht nur Dank aussprechen, sondern auch einmal selbst entgegennehmen. Vom Deutschen her liegt einem dann häufig ein „Bitte!“ auf der Zunge. Auf Englisch geht das so:

Not at all. nɔt ät ɔl	Gern geschehen!/ Bitte sehr!
That's all right. ðätß ɔl rait	Bitte sehr!
There you are. ðeə ju ah	Bitte.

Sprachtipp

Bei der Benutzung dieser Formen nimmt es das Englische ziemlich genau: *Not at all* und *That's all right* sagt man nur als Erwiderung auf einen Dank.
There you are hingegen benutzt man beim Anbieten: Wenn z. B. am Tisch jemand noch Brot möchte, kann man ihm den Brotkorb mit den Worten *There you are* hinhalten.
Machen Sie sich aber deswegen keine Sorgen: Diese beiden Arten des „Bitte"-Sagens sind im Englischen nicht so unverzichtbar wie im Deutschen. Viel wichtiger ist, Ihren Bitten das obligatorische *please* hinzuzufügen.

Und so können Sie Menschen danken, die ganz besonders hilfsbereit waren oder sind:

Thanks for doing this for me. θänkß fɔ ˈduing ðiß fɔ mi	Danke, dass Sie das für mich tun.
Thank you for doing that much for us. θänk ju fɔ ˈduing ðät matsch fɔr aß	Danke, dass Sie so viel für uns tun.
Thank you for being there for me. θänk ju fɔ ˈbiing ðeə fɔ mi	Danke, dass Sie für mich da sind.
Thank you for being there for us. θänk ju fɔ ˈbiing ðeə fɔr aß	Danke, dass Sie für uns da sind.
Thank you for your help. θänk ju fɔ jɔ help	Danke für Ihre Hilfe.

Many thanks for your help.
ˈmeni θänkß fɔ jɔ help

Besten Dank für Ihre Hilfe.

It was no small thing.
it wɔs nou smɔl θing

Das war keine Kleinigkeit.

Thank you for helping us that much. θänk ju fɔ ˈhelping aß ðät matsch

Danke, dass Sie uns so sehr geholfen haben.

Sprachtipp

Auf diesen Seiten begegnet Ihnen die „ing-Form" des Zeitworts in einer besonderen Funktion: Nach bestimmten Konstruktionen, wie z. B. *Thank you for …* steckt nämlich in dieser unscheinbaren „ing-Form" ein ganzer Nebensatz (im Deutschen mit „dass …" übersetzt) oder auch ein Hauptwort, wie in *Thank you for calling* (Danke für Ihren Anruf.).

It's very good of you to help me.
itß ˈveri gud ɔv ju tə help mi

Es ist sehr nett von Ihnen, dass Sie mir helfen.

It's very good of you to help us.
itß ˈveri gud ɔv ju tə help aß

Es ist sehr nett von Ihnen, dass Sie uns helfen.

Thank you for taking the time.
θänk ju fɔ ˈtäiking ðə taim

Danke, dass Sie sich Zeit genommen haben.

Thank you for calling.
θänk ju fɔ ˈkɔhling

Danke für Ihren Anruf.

Thank you for paying – but you didn't have to! θänk ju fɔ ˈpäiing bat ju didnt häv tə
Next time it's on me*! next taim itß ɔn mi

Danke fürs Zahlen – aber das wäre doch nicht nötig gewesen!
Das nächste Mal zahle ich!

Thank you for being that nice. θänk ju fɔ ˈbiing ðät naiß

Danke, dass Sie so nett sind.

Thank you for giving that much of your time for this. θänk ju fɔ ˈgiving ðät matsch ɔv jɔ taim fɔ ðiß

Danke, dass Sie so viel von Ihrer Zeit dafür geopfert haben.

Thank you for being with me. θänk ju fɔ ˈbiing wið mi

Danke, dass Sie bei mir sind.

Thank you for being with us. θänk ju fɔ ˈbiing wið aß

Danke, dass Sie bei uns sind.

Ihren Gastgebern können Sie so danken:

Many thanks for having me. ˈmeni θänkß fɔ ˈhäving mi

Vielen Dank für die schöne Zeit bei Ihnen.

Thank you for having us. θänk ju fɔ ˈhäving aß

Vielen Dank für unsere schöne Zeit bei Ihnen.

Natürlich können Sie sich auch für ganz konkrete Dinge bedanken:

Thank you for this very nice present. θänk ju fɔ ðiß ˈveri naiß ˈprɛsənt

Danke für dieses sehr schöne Geschenk.

---

* Achtung feste Wendung:
It's/That's on me. itß/ðätß ɔn mi — Das geht auf mich.

Thank you very much for this nice present. θänk ju ˈveri matsch fɔ ðiß naiß ˈpresənt

Vielen Dank für das hübsche Geschenk.

Thank you for the nice meal/… θänk ju fɔ ðə naiß mihl

Danke für das gute. Essen/etc.

coffee
ˈkɔfi

tea
tih

beer
biə

wine
wain

movie
ˈmuhvi

game
gäim

play
pläi

Landestipp

In Großbritannien legt man relativ großen Wert auf Höflichkeit und gute Umgangsformen, sodass man sich, selbst für Kleinigkeiten, eigentlich fast nicht zu viel bedanken kann. Ebenso hält man es mit den Entschuldigungsformeln (*Sorry* und *Excuse me*), die man auch bei geringfügigen Anlässen automatisch ausspricht. Gerade für Besucher des Landes gilt hier: Lieber ein bisschen zu viel als zu wenig!

Verständigungsprobleme lösen

Wenn Sie jemanden nicht verstanden haben, können Sie sagen:

Sorry? ˈßɔri	Wie bitte?
I'm sorry? aim ˈßɔri	Ich habe Sie nicht verstanden – bitte?
I didn't get that. ai didnt get ðät	Das habe ich nicht verstanden.

Wenn Sie einen Ausdruck o. Ä. in diesem Buch suchen müssen und das einen Moment dauert, können Sie sagen:

Sorry, but I need some time to get it right. ˈßɔri bat ai nihd ßam taim tə get it rait	Entschuldigung, aber ich brauche einen Augenblick, um das richtig hinzukriegen.
It takes some time with me, sorry. it täikß ßam taim wið mi ˈßɔri	Tut mir leid, das dauert bei mir ein bisschen.

Daraufhin wird man Ihnen aber sicherlich erwidern:

Yes, please take your time. jeß plihs täik jɔ taim	Ja, lassen Sie sich bitte ruhig Zeit.
Please take all the time you need. plihs täik ɔl ðə taim ju nihd	Nehmen Sie sich bitte die Zeit, die Sie brauchen.

Wenn Sie nach dem Wort für etwas Bestimmtes suchen, können Sie sich durch Gesten zusammen mit den folgenden Sätzen dabei helfen lassen:

What's that called, please? wɔtß ðät kɔhld plihs	Wie heißt das, bitte?
What's this thing called, please? wɔtß ðiß θing kɔhld plihs	Wie nennt man bitte diese Sache?

I need the name for this.
ai nihd ðə näim fɔ ðiß

Ich brauche die Bezeichnung davon.

What do you call that?
wɔt du ju kɔhl ðät

Wie nennt man das?

Vielleicht sind Sie sich einmal nicht sicher, ob Sie das richtige Wort mit der korrekten Aussprache benutzt haben. Falls Ihr Gesprächspartner also plötzlich ohne ersichtlichen Grund ein ganz erstauntes Gesicht machen sollte, können Sie fragen:

Isn't this a ... [Wiederholung des Wortes]? isnt ðiß ə

Ist das nicht ein(e) ...?

Now that wasn't right, was it?
nau ðät wɔsnt rait wɔs it

Das war jetzt nicht richtig, oder?

Sprachtipp

Im Englischen wird häufig an einen Aussagesatz noch ein kleiner Fragesatz angehängt, wie Sie im Beispiel oben sehen können: *Now that wasn't right, was it?*
In diesem Frage-Anhängsel wird das Zeitwort des Aussagesatzes aufgegriffen und in die bejahte bzw. verneinte Frageform gesetzt, und zwar nach folgendem Muster:
Aus *wasn't* (verneint) wird *was it?* (bejaht) bzw. aus *it's* (bejaht) wird das verneinte *isn't it?* wie im Beispiel *It's getting better, isn't it?* (Es wird besser, nicht wahr?).
Im Deutschen entspricht dieses Anhängsel einem angehängten „..., nicht wahr?" bzw. einem „..., oder?". Allerdings benutzt man diese Art von Frage-Anhängsel im Englischen viel häufiger als im Deutschen.

I don't have the right name for this, do I?
ai dount häv ðə rait näim fɔ ðiß du ai

Ich weiß dafür nicht das richtige Wort, oder?

Manchmal werden Sie überprüfen wollen, ob Ihr Gegenüber noch versteht, was Sie sagen, bzw. umgekehrt selbst signalisieren, wenn Sie an einem bestimmten Punkt nichts mehr verstehen.
Das machen Sie so:

Are you with me?*
ah ju wið mi

Können Sie mir noch folgen?

Sorry, but I'm not with you any more. ˈßɔri bat aim nɔt wið ju ˈeni mɔ

Tut mir leid, aber ich kann Ihnen nicht mehr folgen.

I'm not with you there, sorry.
aim nɔt wið ju ðeə ˈßɔri

Tut mir leid, da komme ich nicht mehr mit.

Did I get you right?
did ai get ju rait

Habe ich Sie richtig verstanden?

Wenn Sie wieder im Bilde sind, können Sie sagen:

I see. ai ßih

Aha!

* Achtung feste Wendung:
Are you with me? ah ju wið mi — Können Sie mir folgen?

Und sollten Sie einmal vermuten, dass jemand versucht, Sie zu veräppeln, können Sie fragen:

Are you having me on? ah ju ˈhäving mi ɔn	Wollen Sie mich auf den Arm nehmen?

Sprachtipp

Dieser letzte Satz ist auch ein Beispiel für die vielen Möglichkeiten des Englischen, durch das Kombinieren von Wörtern feste Wendungen mit ganz neuer Bedeutung entstehen zu lassen: *have on* hat in diesem Satz nichts mit „anhaben" zu tun, sondern bedeutet „auf den Arm nehmen, veräppeln".

Smalltalk

Das Befinden

Man erkundigt sich in Großbritannien viel nach dem Befinden seiner Mitmenschen – auch wenn niemand eine sehr ausführliche Antwort erwartet. Die Standardfrage lautet also:

How are you? hau ah ju	Wie geht es Ihnen?
How are you today? hau ah ju tə'däi	Wie geht es Ihnen heute?
How are you this morning? hau ah ju ðiß 'mɔhning	Wie geht es Ihnen heute Morgen?

Wenn es etwas lockerer klingen soll, können Sie auch fragen:

How are things? hau ah θings	Wie steht's?
How's it going? haus it 'gouing	Wie geht's, wie steht's?

Wenn es jemandem vorher nicht so gut ging, können Sie sagen:

Are you any better today? ah ju 'eni 'betə tə'däi	Geht es Ihnen heute denn etwas besser?
Aren't things looking better now? ahnt θings 'luking 'betə nau	Sieht inzwischen die Welt nicht schon wieder anders aus?

Meist wird die Frage nach dem Befinden positiv beantwortet:

Very well, thank you. ˈveri wel θänk ju	Sehr gut, danke.
And you? änd ju	Und Ihnen?
Couldn't be better! kudnt bi ˈbetə	Könnte nicht besser sein!
I'm well, thank you. aim wel θänk ju	Es geht mir gut, danke.
We're very well, thank you. wiə ˈveri wel θänk ju	Es geht uns sehr gut, danke.
We're doing well, thank you. wiə ˈduing wel θänk ju	Die Dinge gehen gut voran, danke.
By and large* we're getting somewhere. bai änd lahdsch wiə ˈgeting ˈßamweə	Im Großen und Ganzen machen wir Fortschritte.
Yes, things started well and now I'm doing nicely. jeß θings ˈßtahtid wel änd nau aim ˈduing ˈnaißli	Ja, es lief gut an und läuft immer besser.
It's getting better all the time. itß ˈgeting ˈbetə ɔl ðə taim	Es geht stetig nach oben.
Things are looking very good for me. θings ah ˈluking ˈveri gud fɔ mi	Die Dinge stehen sehr gut für mich.
Things are looking better now. θings ah ˈluking ˈbetə nau	Es sieht wieder besser aus.

* Achtung feste Wendung:
by and large bai änd lahdsch — im Großen und Ganzen

Doch kann die Antwort auch einmal nicht so positiv ausfallen:

Not very well. nɔt ˈveri wel	Nicht sehr gut.
I'm not too well. aim nɔt tuh wel	Es geht mir nicht allzu gut.
Things could be better. θings kud bi ˈbetə	Es könnte besser sein.
At present it's not looking too good for me. ät ˈpresənt itß nɔt ˈluking tuh gud fɔ mi	Es sieht zurzeit nicht allzu rosig für mich aus.
I can't do things right at present. ai kahnt du θings rait ät ˈpresənt	Ich kriege im Moment nichts richtig hin.
Things are not going well for me right now. θings ah nɔt ˈgouing wel fɔ mi rait nau	Gerade klappt auch gar nichts bei mir.
Things are not going right for me. θings ah nɔt ˈgouing rait fɔ mi	Es läuft nicht gut für mich.

I have a broken … ai häv ə ˈbroukən	Ich habe ein gebrochenes/ einen gebrochenen …

heart
haht

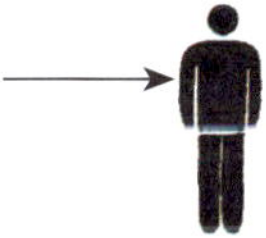

arm
ahm

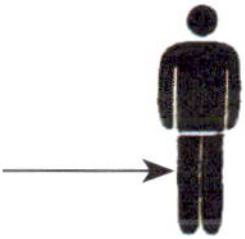

leg
leg

Da tut ein bisschen Mitgefühl und Aufmunterung besonders gut:

I'm sorry. aim ˈßɔri — Das tut mir leid.

You're going to be better in no time at all. juə ˈgouing tə bi ˈbetə in nou taim ät ɔl — Es wird Ihnen im Nu wieder besser gehen.

By and by* it's going to get better. bai änd bai itß ˈgouing tə get ˈbetə — Bald wird es auch wieder aufwärts gehen.

Herkunft und Alter

Die Herkunft ist gerade im Urlaub häufig eines der ersten Themen, die sich ergeben. Fragen dazu können Sie folgendermaßen stellen und beantworten:

Where are you from? ˈweər ah ju frɔm — Woher kommen Sie?

I'm from Germany.** aim frɔm ˈdschömәni — Ich komme aus Deutschland.

We're from Germany. wiә frɔm ˈdschömәni — Wir kommen aus Deutschland.

Did you do German? did ju du ˈdschömәn — Haben Sie Deutsch gelernt?

Yes, but I'm not good at it any more. jeß bat aim nɔt gud ät it ˈeni mɔ — Ja, aber ich kann es nicht mehr gut.

---

* Achtung feste Wendung:
by and by bai änd bai — bald, nach und nach

** **Austria** ˈɔßtriә — Österreich
Switzerland ˈßwitßәlәnd — die Schweiz

Where are you from in Germany? weə ah ju frɔm in ˈdschöməni	Wo in Deutschland kommen Sie her?
I'm from … [Name der Stadt]. aim frɔm	Ich bin aus …
We're from … [Name der Stadt]. ˈwiə frɔm	Wir sind aus …
That's (very) close to … [Stadt]. ðätß (ˈveri) kloußtə	Das ist (sehr) nahe bei …
Isn't that near … [Stadt]? isnt ðät niə	Ist das nicht in der Nähe von …?
Isn't that next to … [Stadt]? isnt ðät next tə	Ist das nicht direkt neben …?
Yes, you can get there in no time at all. jeß ju kän get ðeə in nou taim ät ɔl	Ja, man ist ganz schnell dort.
Can you name somewhere nearby please? kän ju näim ˈßamweə ˈniəbai plihs	Können Sie bitte irgendeinen Ort in der Nähe nennen?
… [Stadt] is very close. … is ˈveri klouß	… ist ganz nahe.

Möglicherweise ist Ihre Stadt oder Ihr Ort im Ausland gar nicht so unbekannt wie Sie vielleicht dachten:

But that's right where I want to go! bat ðätß rait weə ai wɔnt tə gou	Das ist doch genau da, wo ich schon lange hin will!
I would like to go there very much. ai wud laik tə gou ðeə ˈveri matsch	Da würde ich wirklich gerne mal hin.

Smalltalk

Can't you get very good … there? kahnt ju get ˈveri gud … ðeə

Bekommt man dort nicht prima …?

Doesn't … [Stadt] have a name for …? dasnt … häv ə näim fɔ

Ist … nicht bekannt für …?

cars
kahs

chocolate
ˈtschɔkələt

wine
wain

beer
biə

Manche Menschen zieren sich ein wenig, wenn es um ihr Alter geht. Sie könnten aber einfach zuerst Ihr Alter nennen und, falls es passt, direkt im Anschluss daran Ihr Gegenüber fragen:

I'm … [Zahl] – and you?
aim … – änd ju

Ich bin … – und Sie?

No! You don't look it!
nou! ju dount luk it

Nein! Das sieht man Ihnen nicht an!

Sprachtipp

Im Englischen nennt man bei der Altersangabe in aller Regel nur die Zahl ohne weitere Zusätze: *I'm 29* (= *I'm twenty-nine.*). Die Zahlen dafür finden Sie auf Seite 111.

Heikle Themen

Falls Sie doch einmal befürchten sollten, durch eine Frage oder ein bestimmtes Thema Ihrem Gesprächspartner zu nahe getreten zu sein, können Sie sich so entschuldigen:

I'm sorry, I'm too open. aim ˈßɔri aim tuh ˈoupən	Es tut mir leid; ich bin zu offen.
Please excuse me for being that open. plihs ixˈkjuhs mi fɔ ˈbiing ðät ˈoupən	Bitte entschuldigen Sie, dass ich so offen war.
I see. ai ßih **Well, we don't need to be that open.** wel wi dount nihd tə bi ðät ˈoupən	Ich verstehe. Also wir müssen ja nicht ganz so offen im Umgang miteinander sein.
We could go on with another thing, couldn't we? wi kud gou ɔn wið əˈnaðə θing kudnt wi	Wir könnten doch mit einer anderen Sache weitermachen, oder?

Vielleicht war dies der mögliche Grund für Ihr Verhalten:

You see, that could be my German* way. ju ßih ðät kud bi mai ˈdschömən wäi	Wissen Sie, das ist vielleicht meine deutsche Mentalität.
I'm very sorry. aim ˈveri ˈßɔri **That's the right way to do it in Germany.**** ðätß ðə rait wäi tə duh it in ˈdschöməni	Es tut mir sehr leid. Das gilt in Deutschland als völlig korrekt.

---

* **Austrian** ˈɔßtriən	österreichisch
Swiss ßwiß	schweizerisch
** **Austria** ˈɔßtriə	Österreich
Switzerland ˈßwitßələnd	die Schweiz

Smalltalk

I see, these are the do's and don'ts* here. ai ßih ðihs ah ðə duhs änd dountß hiə

Aha, das sind also hier die Regeln.

Next time I have to be better at that. next taim ai häv tə bi ˈbetə ät ðät

Das nächste Mal muss ich das besser beherrschen.

Danach geht es mit einem unverfänglicheren Thema weiter:

Well, on to another thing … wel ɔn tə əˈnaðə θing

Also, was ich jedenfalls noch sagen wollte …

… oder das Gespräch wird höflich beendet:

It's getting late. itß ˈgeting läit

Es ist schon spät geworden.

I better go now. ai ˈbetə gou nau

Ich gehe jetzt besser.

Sorry, but it's time for me to go. ˈßɔri bat itß taim fɔ mi tə gou

Entschuldigung, aber ich muss jetzt los.

Urlaubsgeplauder

Nun geht es darum auszudrücken, wie es Ihnen am Urlaubsort gefällt und Ihre Erfahrungen mit denen anderer zu vergleichen.

Do you like it here? du ju laik it hiə

Gefällt es Ihnen hier?

Yes, I like it here very much. jeß ai laik it hiə ˈveri matsch

Ja, es gefällt mir hier sehr gut.

---

* Achtung feste Wendung:
the do's and don'ts ðə duhs änd dountß — Regeln

Yes, I do. jeß ai du

Ja.

Yes, we like it here very much. jeß wi laik it hiə ˈveri matsch

Ja, es gefällt uns sehr gut hier.

Sprachtipp

Auf diesen Seiten sehen Sie noch eine typische Besonderheit des Englischen, nämlich die Kurzantworten wie z. B. *Yes, I do*. Dabei wird ganz einfach das erste Zeitwort des Fragesatzes wiederholt, also lautet bei der Frage *Do you like it here?* die (bejahte) Kurzantwort *Yes, I do*.
Natürlich können Sie eine Kurzantwort auch verneinen: *No, we don't (like it here)*. In den Klammern sehen Sie, wie die volle Antwort weitergehen würde.
Die Bedeutung der Kurzantwort entspricht im Deutschen immer einem einfachen „Ja" oder „Nein".

By and large we like it here very much. bai änd lahdsch wi laik it hiə ˈveri matsch

Im Großen und Ganzen gefällt es uns hier sehr gut.

Are you having a good time? ah ju ˈhäving a gud taim

Amüsieren Sie sich gut?

Yes, I am. jeß ai äm

Ja, (ich amüsiere mich gut).

Yes, we are. jeß wi ah

Ja, (wir amüsieren uns gut).

This could well be our nicest time here. ðiß kud wel bi ˈauə ˈnaißißt taim hiə

Das ist doch eigentlich fast unser schönster Aufenthalt hier.

This is my best break in all this time. ðiß is mai beßt bräik in ɔl ðiß taim

Das sind meine besten Ferien seit langem.

We're very pleased with our room. wiə ˈveri plihsd wið ˈauə ruhm

Unser Zimmer gefällt uns sehr gut.

I'm very pleased with the meals/... here. aim ˈveri plihsd wið ðə mihls/... hiə

Ich bin sehr zufrieden mit dem Essen/etc. hier.

service ˈsöhviß

beach bihtsch

cafés käˈfäiß

museums mjuˈsiəms

Leider hat man aber manchmal auch Pech oder es war woanders einfach noch schöner:

Don't you like it here? dount ju laik it hiə

Gefällt es Ihnen hier nicht?

Don't you like it here that much? dount ju laik it hiə ðät matsch

Gefällt es Ihnen hier nicht so gut?

You don't like it here, do you? ju dount laik it hiə du ju

Ihnen gefällt es hier nicht, oder?

No, we don't like it here very much. nou wi dount laik it hiə ˈveri matsch

Nein, es gefällt uns nicht sehr gut hier.

No, I don't like it here. nou ai dount laik it hiə

Nein, es gefällt mir hier nicht.

No, we don't. nou wi dount

Nein, (es gefällt uns hier nicht).

No, I don't. nou ai dount

Nein, (es gefällt mir hier nicht).

We don't like it here at all. wi dount laik it hiə ät ɔl

Es gefällt uns hier überhaupt nicht.

It was much nicer in … [Ortsname]. it wɔs matsch ˈnaißə in

In … war es wesentlich schöner.

In … [Ortsname] I liked better how all the things looked. in … ai laikt ˈbetə hau ɔl ðə θings lukt

In … sah alles irgendwie besser aus.

In … [Ortsname] I liked the room/… better. in … ai laikt ðə ruhm/… ˈbetə

In … hat mir das Zimmer/ etc. besser gefallen.

sea
ßih

countryside
ˈkantrisaid

mountains
ˈmauntins

zoo
suh

concerts
ˈkɔnßətß

nightclubs
ˈnaɪtklabs

campground
ˈkämpgraund

hotel
houˈtel

We liked it better here another time. wi laikt it ˈbetə hiə əˈnaðə taim

Uns hat es hier ein anderes Mal schon besser gefallen.

And when was that? änd wen wɔs ðät

Und wann war das?

That was in … [Jahreszahl]. ðät wɔs in — Das war …

I had a better time here in … [Jahreszahl]. ai häd ə ˈbetə taim hiə in — … [Jahreszahl] hat es mir hier besser gefallen.

Sprachtipp

Mit den Zahlen, die Sie auf Seite 111 finden, können Sie ganz leicht eine Jahreszahl bilden: Für das vorige Jahrhundert nehmen Sie zuerst die 19, also *nineteen*, und dann die zweistellige Folgezahl, z. B. 97, also *ninety-seven*. So heißt dann 1997 *nineteen ninety-seven*; und für das Jahr 2001 sagt man *two thousand one*. Im Englischen steht vor der Jahreszahl immer das Wort *in*.

So können Sie sich über Ihre Urlaubsgestaltung unterhalten:

You are having many late nights. ju ah ˈhäving ˈmeni läit naitß — Sie gehen oft spät schlafen.

You two are having many late nights, aren't you? ju tuh ah ˈhäving ˈmeni läit naitß ahnt ju — Sie beide gehen immer erst spät schlafen, nicht wahr?

But that's the best thing to do when you're away! bat ðätß ðə beßt θing tə duh wen juə əˈwäi — Aber das ist doch das Beste, was man im Urlaub machen kann!

I go to bed very late. ai gou tə bed ˈveri läit — Ich gehe sehr spät ins Bett.

We don't go to bed very late. wi dount gou tə bed ˈveri läit	Wir gehen nicht sehr spät schlafen.
We don't like having a late start. wi dount laik ˈhäving ə läit ßtaht	Wir kommen morgens gerne früh los.
Yes, no time to lose when you're away! jeß nou taim tə luhs wen juə əˈwäi	Ja eben, im Urlaub sollte man keine Minute vergeuden!
Yes, we're on the go* all day, too. jeß wiə ɔn ðə gou ɔl däi tuh	Ja, wir sind auch den ganzen Tag auf Achse.

… und über Ihr Erholungsbedürfnis:

Well, we aren't doing that much. wel wi ahnt ˈduing ðät matsch	Also, wir unternehmen nicht so viel.
We need a break. wi nihd ə bräik	Wir brauchen mal eine Pause.
I need a break. ai nihd ə bräik	Ich brauche mal eine Pause.
I need a break from all the many things going on. ai nihd ə bräik frɔm ɔl ðə ˈmeni θings ˈgouing ɔn	Ich brauche mal eine Pause von der ganzen Hektik.
Yes, at times you're ready like anything for a break. jeß ät taims juə ˈredi laik ˈenlθing fɔ ə bräik	Ja, manchmal ist man wirklich total urlaubsreif.

* Achtung feste Wendung:
on the go ɔn ðə gou — auf Achse, unterwegs

It was time for me, too, to take a break. it wɔs taim fɔ mi tuh tə täik ə bräik

Für mich war es auch an der Zeit, mal Pause zu machen.

... und darüber, wie lange die schöne Zeit noch dauert:

How many days do you have here in all?
hau ˈmeni däis du ju häv hiə in ɔl

Wie viele Tage sind Sie denn insgesamt hier?

We're here for ... [Zahl] days – and you?
wiə hiə fɔ ... däis – änd ju

Wir sind für ... Tage hier – und Sie?

Die Zahlen finden Sie auf Seite 111.

Das Wetter

Auch das sehr abwechslungsreiche britische Wetter bietet sich als dankbares Gesprächsthema an – ob man es gerade als angenehm empfindet:

Very nice day today, isn't it?
ˈveri naiß däi təˈdäi ˈisənt it

Ein sehr schöner Tag heute, nicht wahr?

Yes, it couldn't get any nicer!
jeß it kudnt get ˈeni ˈnaißə

Ja, es könnte wirklich nicht schöner sein!

What a very nice day this is!
wɔt ə ˈveri naiß däi ðiß is

Was für ein wunderschöner Tag heute doch ist!

We don't get too many days like this in Germany*. wi dount get tuh ˈmeni däis laik ðiß in ˈdschömәni

Wir haben in Deutschland nicht allzu viele solcher Tage.

… oder doch als eher unangenehm:

It's very close today. itß ˈveri klouß tәˈdäi

Es ist sehr schwül heute.

I can't take it any more! ai kahnt täik it ˈeni mɔ

Ich halt's nicht mehr aus!

Is it like this in Germany at times, too? is it laik ðiß in ˈdschömәni ät taims tuh

Ist es manchmal in Deutschland auch so?

It's not very nice today, but we can't help it!** itß nɔt ˈveri naiß tәˈdäi, bat wi kahnt help it

Es ist nicht sehr schön heute, aber wir können nichts daran ändern!

Landestipp

Das britische Wetter ist recht wechselhaft, sodass Sie besser an einen Regenschirm denken sollten. Allerdings ist es manchmal auch verblüffend, wie viele Male an einem einzigen Tag das Wetter umschlagen kann – so wird der Blick zum Himmel wenigstens nie langweilig!

---

* **Austria** ˈɔßtriә — Österreich
Switzerland ˈßwitßәlәnd — die Schweiz

** Achtung feste Wendung:
can't help it kahnt help it — nichts ändern/dafür können

In Germany* there's not that much … at present.
in ˈdschömәni ðeәs nɔt ðät matsch … ät ˈpresәnt

In Deutschland gibt es momentan nicht so viel …

In Germany we have much more … at this time.
in ˈdschömәni wi häv matsch mɔ … ät ðiß taim

In Deutschland gibt es um diese Zeit viel mehr …

In Germany there's more … most of the time. in ˈdschömәni ðeәs mɔ … moust ɔv ðә taim

In Deutschland gibt es meistens mehr …

rain
räin

sun
ßan

And there could be some more of it tomorrow! änd ðeә kud bi ßam mɔr ɔv it tәˈmɔrou

Und morgen kriegen wir vielleicht noch mehr davon!

Well, it's one of those things!
wel itß wan ɔv ðous θings

Nun, da kann man halt nichts machen!

---

* **Austria** ˈɔßtriә — Österreich
Switzerland ˈßwitßәlәnd — die Schweiz

Doch auch beim Wetter lässt sich über Geschmack bekanntlich streiten:

Well, I like it that way!
wel ai laik it ðät wäi

Also ich mag es so!

Komplimente und Lob

Wer würde sich nicht ab und zu über ein kleines Kompliment freuen? So geht's auf Englisch:

You're looking very well today.
juə ˈluking ˈveri wel təˈdäi

Sie sehen heute sehr gesund aus.

You're looking very good today.
juə ˈluking ˈveri gud təˈdäi

Sie sehen heute sehr gut aus.

That looks very good on you.
ðät lukß ˈveri gud ɔn ju

Das steht Ihnen sehr gut.

You're looking your best today!
juə ˈluking jɔ beßt təˈdäi

Sie sehen heute besonders gut aus!

That thing/… looks very good on you. ðät θing/… lukß ˈveri gud ɔn ju

Diese Sache/etc. steht Ihnen sehr gut.

dress
dreß

skirt
ßköht

tie
tai

shirt
schöht

Sprachtipp

Scheuen Sie sich nicht, für unbekannte Dinge/Wörter einfach *thing* zu sagen und gegebenenfalls durch eine Geste das Gemeinte zu verdeutlichen – Ihr Gesprächspartner wird Ihnen weiterhelfen und Ihr Wortschatz wird so noch größer.

You have a nice way. ju häv ə naiß wäi — Sie haben eine angenehme Art.

I get on very well with you all the time. ai get ɔn ˈveri wel wið ju ɔl ðə taim — Ich komme immer prima mit Ihnen aus.

That's very good, isn't it? ðätß ˈveri gud isnt it — Das ist sehr gut, nicht wahr?

So können Sie den Besitzern einer Sache eine Freude machen:

That's the thing I like, too. ðätß ðə θing ai laik tuh — So was gefällt mir auch gut!

That's the very thing I go for*! ðätß ðə ˈveri θing ai gou fɔ — Das ist genau das, worauf ich stehe!

That one I wouldn't give away – not for anything. ðät wan ai wudnt giv əˈwäi – nɔt fɔ ˈeniθing — Das da würde ich um keinen Preis hergeben!

---

* Achtung feste Wendung:
go for gou fɔ — stehen auf

Oder Sie sagen etwas Nettes über die Fähigkeiten einer Person:

You have what it takes!
ju häv wɔt it täikß
Sie haben das Zeug dazu!

You did your best.
ju did jɔ beßt
Sie haben Ihr Bestes gegeben.

Die Eigenschaftswörter *nice* und *good* lassen sich auf fast alles anwenden, was man Ihnen vielleicht stolz zeigt oder vorführt:

How nice! hau naiß
Wie schön!

Now that looks very nice!
nau ðät lukß ˈveri naiß
Das sieht aber klasse aus!

What a nice thing!
wɔt ə naiß θing
Was für eine schöne Sache!

That's a very nice room/…!
ðätß ə ˈveri naiß ruhm
Das ist aber ein sehr schönes Zimmer/etc.!

dress
dreß

car
kah

dog
dɔg

cat
kät

caravan
ˈkärəvän

beach
bihtsch

city
ˈßiti

church
tschöhtsch

These are very good drinks.
ðihs ah ˈveri gud drinkß
Where can I get these drinks?
weə kän ai get ðihs drinkß

Das sind sehr gute Drinks.
Wo kann ich solche Drinks bekommen?

This drink is very good.
ðiß drink is ˈveri gud

Dieses Getränk/ Dieser Drink ist sehr gut.

This meal/… is very good.
ðiß mihl/… is ˈveri gud

Dieses Essen/etc. ist sehr gut.

hotel
houˈtel

tent
tent

map
mäp

chocolate
ˈtschɔkələt

Unterkunft

Zimmersuche

So können Sie sich nach einer Unterkunft erkundigen:

I'm looking for a room.
aim ˈluking fɔ ə ruhm

Ich suche ein Zimmer.

We're looking for a room.
wiə ˈluking fɔ ə ruhm

Wir suchen ein Zimmer.

I don't have a bed for the night.
ai dount häv ə bed fɔ ðə nait

Ich habe noch keine Unterkunft für diese Nacht.

We need a room somewhere nearby. wi nihd ə ruhm ˈßamweə ˈniəbai

Wir brauchen ein Zimmer irgendwo in der Nähe.

You can't help us, I see.
ju kanht help aß ai ßih

Ich verstehe, Sie können uns nicht weiterhelfen.

Well, is there a … where we could go to?
wel is θer ə … weə wi kud gou tə

Gibt es ein Verkehrsamt, an das wir uns wenden könnten?

tourist office
ˈtuərist ˈɔfiß

And how do we get there, please? änd hau du wi get ðeə plihs

Und wie kommen wir dort hin, bitte?

Could you please show us how to get there? kud ju plihs schou aß hau tɔ get ðeə	Könnten Sie uns bitte zeigen, wie man dort hin kommt?
When does it open? wen das it ˈoupən	Wann macht es auf?
What are the opening times? wɔt ah ði ˈoupəning taims	Wann sind seine Öffnungszeiten?
Thanks very much for your help. θänkß ˈveri matsch fɔ jɔ help	Vielen Dank für Ihre Hilfe.
You helped us very much – thank you. ju helpt aß ˈveri matsch – θänk ju	Sie haben uns sehr geholfen – vielen Dank!

Wenn Sie dann im Fremdenverkehrsamt sind, können Sie fragen:

Is there a … near here? is ðer ə … niə hiə	Gibt es hier in der Nähe ein/eine/einen …?
Where is the nearest …, please? weər is ðə ˈniərißt … plihs	Wo ist das/die/der nächste …?
Is there a nearby …? is ðer ə ˈniəbai	Gibt es in der Nähe ein/eine/einen …?

hotel
houˈtel

bed and breakfast
bed änd ˈbrekfəst

campground
ˈkämpgraund

Do you have a ...?
du ju häv ä

Haben Sie einen Stadtplan?

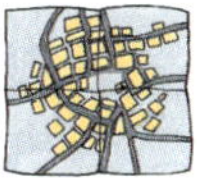

street map
ßtriht mäp

Could you show me the way on it, please? kud ju schou mi ðə wäi ɔn it plihs

Könnten Sie mir darauf bitte den Weg zeigen?

Can I take it with me, please?
kän ai täik it wið mi plihs

Kann ich ihn bitte mitnehmen?

Landestipp

Mit *Bed and Breakfast* („Bett und Frühstück") bezeichnet man die erschwingliche Unterkunft in einem Privathaushalt, inklusive einem meist üppigen englischen Frühstück. Sie erkennen diese am Schild „*B&B*" bzw. „*Vacancies*" (Zimmer frei), das an den Häuserfronten hängt. Wenn Ihnen ein Haus von außen zusagt, lassen Sie sich ruhig das Zimmer zeigen – Sie verpflichten sich dadurch zu nichts. Der Aufenthalt in einem *B&B* bietet die Gelegenheit, die britische Lebensart aus erster Hand kennen zu lernen.

Da Hotels in Großbritannien teilweise sehr hohe Zimmerpreise verlangen, empfiehlt es sich, Überraschungen vorzubeugen:

I need a room that's not too expensive, please. ai nihd ə ruhm ðätß nɔt tuh ixˈpensiv plihs	Ich brauche ein Zimmer, das nicht zu teuer ist.
I would like to pay … at most for one night. ai wud laik tɔ päi … ät moust fɔ wan nait	Ich möchte höchstens … pro Nacht zahlen.

Die Zahlen finden Sie auf Seite 111.

We can't pay any more for one night. wi kahnt päi ˈeni mɔ fɔ wan nait	Mehr können wir für eine Nacht nicht ausgeben.
I can't pay more. ai kahnt päi mɔ	Mehr kann ich nicht bezahlen.
We could pay more, but we don't want to. wi kud päi mɔ, bat wi dount wɔnt tə	Wir könnten zwar mehr bezahlen, aber wir wollen nicht.
There is no need to pay that much for a room. ðər is nou nihd tə päi ðät matsch fɔ ə ruhm	So viel braucht man für ein Zimmer einfach nicht zu zahlen.
That's the way I see it. ðätß ðə wäi ai ßih it	Das ist meine Meinung dazu.

An der Rezeption

Vielleicht haben Sie bereits im Voraus ein Zimmer reserviert:

You have a room for me.
ju häv ə ruhm fɔ mi
Für mich ist bei Ihnen ein Zimmer vorbestellt.

You have a room for us.
ju häv ə ruhm fɔ aß
Für uns ist bei Ihnen ein Zimmer reserviert.

It's in the name of … [Ihr Name].
itß in ðə näim ɔv
Es ist auf den Namen …

We're from Germany*.
wiə frɔm ˈdschöməni
Wir sind aus Deutschland.

Which room do we have?
witsch ruhm du wi häv
Welches Zimmer haben wir?

Auch ohne Reservierung lässt sich aber hoffentlich etwas finden:

We would like a room with one bed, please. wi wud laik ə ruhm wið wan bed plihs
Wir hätten gerne ein Zimmer mit einem Bett.

Is it a large bed?
is it ə lahdsch bed
Ist es ein großes Bett?

It has to be a large bed.
it häs tu bi ə lahdsch bed
Es muss ein großes Bett sein.

We better take a room with two beds, please.
wi ˈbetə täik ə ruhm wið tuh beds plihs
Wir nehmen dann besser ein Zweibettzimmer.

---

* **Austria** ˈɔßtriə — Österreich
Switzerland ˈßwitßələnd — die Schweiz

Unterkunft

Landestipp

Gewöhnliche Doppelbetten (*double beds*) fallen in Großbritannien oft etwas klein aus. Viele Hotels und Pensionen bieten jedoch auch Zimmer mit zwei Einzelbetten an – diese nennt man auch *twin beds* (*twin* heißt eigentlich „Zwilling"). Meistens fragt man Sie schon bei der Buchung, welche Variante Sie bevorzugen.

We would like two rooms, please. wi wud laik tuh ruhms plihs — Wir hätten gerne zwei Zimmer.

We need the rooms for one night. wi nihd ðə ruhms fɔ wan nait — Wir hätten die Zimmer gerne für eine Nacht.

I need the room for one night. ai nihd ðə ruhm fɔ wan nait — Ich hätte das Zimmer gern für eine Nacht.

I would like a large room for one night, please. ai wud laik ə lahdsch ruhm fɔ wan nait plihs — Ich hätte gerne ein großes Zimmer für eine Nacht.

We need the rooms right now. wi nihd ðə ruhms rait nau — Wir brauchen die Zimmer sofort.
Are the rooms ready for us? ah ðə ruhms ˈredi fɔ aß — Sind die Zimmer schon für uns gerichtet?

Isn't my room ready for me? isnt mai ruhm ˈredi fɔ mi — Ist mein Zimmer noch nicht fertig?
I need it right now, please. ai nihd it rait nau plihs — Ich brauche es sofort.

I need the room for two nights. ai nihd ðə ruhm fɔ tuh naitß — Ich brauche das Zimmer für zwei Nächte.

We are going to be here for … nights. wi ah ˈgouing tə bi hiə fɔ … naitß

Wir werden … Nächte hier bleiben.

I'm going to be here for … nights. aim ˈgouing tə bi hiə fɔ … naitß

Ich werde … Nächte bleiben.

Die Zahlen finden Sie auf Seite 111.

Can we get this room for another night? kän wi get ðiß ruhm fɔ əˈnaðə nait

Können wir dieses Zimmer für eine weitere Nacht bekommen?

Is that all right with you? is ðät ɔl rait wið ju

Ist das in Ordnung?

Could I get this room for another night? kud ai get ðiß ruhm fɔ əˈnaðə nait

Könnte ich dieses Zimmer für eine weitere Nacht bekommen?

I have to see how I like it here. ai häv tə ßih hau ai laik it hiə

Ich will erst schauen, wie es mir hier gefällt.

Ausstattung und Extras

So können Sie sich genauer nach den Zimmern erkundigen bzw. spezifische Wünsche anbringen:

How many rooms do you have in all? hau ˈmeni ruhms du ju häv in ɔl

Wie viele Zimmer haben Sie insgesamt?

How many rooms are there? hau ˈmeni ruhms ah ðeə

Wie viele Zimmer gibt es?

Can we get a very nice room, please? kän wi get ə ˈveri naiß ruhm plihs

Können wir bitte ein sehr schönes Zimmer haben?

We would like the nicest room that you have. wi wud laik ðə ˈnaißißt ruhm ðät ju häv

Wir hätten gerne das schönste Zimmer, das Sie haben.

We need a large room. wi nihd ə lahdsch ruhm

Wir brauchen ein großes Zimmer.

I need a small room. ai nihd ə smɔl ruhm

Ich brauche ein kleines Zimmer.

Which is the best room you have right now? witsch is ðə beßt ruhm ju häv rait nau

Welches Zimmer ist das beste, das Sie zurzeit haben?

Do you have larger and smaller rooms at all? du ju häv ˈlahdschə änd ˈsmɔlə ruhms ät ɔl

Haben Sie überhaupt kleinere und größere Zimmer?

What can we see from our room? wɔt kän wi ßih frɔm ˈauə ruhm

Was können wir von unserem Zimmer aus sehen?

We would like to look at the … from our room, please. wi wud laik tə luk ät ðə … frɔm ˈauə ruhm plihs

Wir möchten gerne das/den/die … von unserem Zimmer aus sehen.

sea
ßih

beach
bihtsch

church
tschöhtsch

Does the room have a …?
das ðə ruhm häv ə

Hat das Zimmer eine/einen …?

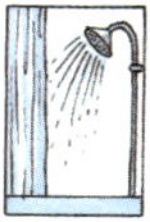

shower
ˈschauə

bath
bahθ

toilet
ˈtoilət

TV
tihˈvih

Landestipp

Wundern Sie sich nicht: In den Bädern vieler Hotels sind die Armaturen oft noch etwas altmodisch, z. B. mit getrennten Wasserhähnen für warmes und kaltes Wasser. Dafür ist das Wasser, das aus dem Wasserhahn mit der Aufschrift *Hot* kommt, manchmal wirklich fast kochend heiß. Der Wasserdruck ist dagegen eher niedrig.

Can we take our meals here, too? kän wi täik ˈauə mihls hiə tuh

Können wir hier auch essen?

Any way you please.
ˈeni wäi ju plihs

Ganz wie Sie möchten.

Do I pay more for the meals?
du ai päi mɔ fɔ ðə mihls

Kosten die Mahlzeiten extra?

How much is one meal?
hau matsch is wan mihl

Wie viel kostet eine Mahlzeit?

When are the mealtimes?
wen ah ðə ˈmihltaims

Wann sind die Essenszeiten?

Are there fixed mealtimes at all? ah ðeə fixt ˈmihltaims ät ɔl
Gibt es überhaupt feste Essenszeiten?

Where do we have our meals? weə du wi häv ˈauə mihls
Wo nehmen wir die Mahlzeiten ein?

I can show you where. ai kän schou ju weə
Ich kann Ihnen zeigen, wo.

This way, please. ðiß wäi plihs
Hier entlang, bitte.

Vielleicht möchten Sie sich das Zimmer vorher anschauen:

Can we see the room, please? kän wi ßih ðə ruhm plihs
Können wir das Zimmer sehen?

Could you please show me the room? kud ju plihs schou mi ðə ruhm
Könnten Sie mir bitte das Zimmer zeigen?

I'm sorry, but I need to have a look at the room. aim ˈßɔri bat ai nihd tə häv ə luk ät ðə ruhm
Tut mir leid, aber ich muss mir das Zimmer ansehen.

This room is much too large for me. ðiß ruhm is matsch tuh lahdsch fɔ mi
Dieses Zimmer ist viel zu groß für mich.

Don't you have a smaller one? dount ju häv ə ˈsmɔlə wan
Haben Sie kein kleineres?

Do you have any better rooms? du ju häv ˈeni ˈbetə ruhms
Haben Sie irgendwelche besseren Zimmer?

Isn't the room ready by now? isnt ðə ruhm ˈredi bai nau
Ist das Zimmer noch nicht fertig?

Sprachtipp

Wenn man ein Hauptwort, das man gerade benutzt hat, gleich danach nicht wiederholen möchte, kann man es durch das Wort *one* ersetzen: *a smaller one* steht also für *a smaller room*. Im Deutschen sagt man in diesem Fall „ein kleineres" (statt „ein kleineres Zimmer").

Zimmerpreise

So fragen Sie nach dem Preis für das Zimmer sowie die Extras:

How much is this room for one night? hau matsch is ðiß ruhm fɔ wan nait — Wie viel kostet dieses Zimmer für eine Nacht?

And how much are two nights? änd hau matsch ah tuh naitß — Und wie viel kosten zwei Nächte?

That's expensive. ðätß ixˈpensiv — Das ist teuer.

My! That's very expensive! mai! ðätß ˈveri ixˈpensiv — Meine Güte! Das ist sehr teuer!
Is it that much for many nights, too? is it ðät matsch fɔ ˈmeni naitß tuh — Ist es für viele Nächte genauso teuer?

How much is a room that is not that nice? hau matsch is ə ruhm ðät is nɔt ðät naiß — Wie viel kostet ein Zimmer, das nicht so schön ist?

You see, the room doesn't have to be that nice. ju ßih ðə ruhm dasnt häv tə bi ðät naiß — Wissen Sie, das Zimmer muss auch gar nicht so schön sein.

Don't you have any other rooms? dount ju häv ˈeni ˈaðə ruhms

Haben Sie keine anderen Zimmer?

Aren't there any smaller rooms? ah ðeə ˈeni ˈsmɔlə ruhms

Gibt es keine kleineren Zimmer?

How much are the drinks in my room? hau matsch ah ðə drinkß in mai ruhm

Was kosten die Getränke in meinem Zimmer?

How much do I pay for calls from my room? hau matsch du ai päi fɔ kɔhls frɔm mai ruhm

Wie viel zahle ich für Telefongespräche aus meinem Zimmer?

Entscheidung

Vielleicht haben Sie das gefunden, was Sie suchen:

Yes, we like this room very much. jeß wi laik ðiß ruhm ˈveri matsch **We're going to take it.** wiə ˈgouing tə täik it

Ja, uns gefällt dieses Zimmer sehr gut. Wir nehmen es.

I'm very pleased with this room. aim ˈveri plihsd wið ðiß ruhm **Can I take it right away?** kän ai täik it rait əˈwäi

Ich bin sehr zufrieden mit diesem Zimmer. Kann ich es sofort nehmen?

All right, we want to go for this room. ɔl rait wi wɔnt tə gou fɔ ðiß ruhm

Gut, wir möchten dieses Zimmer nehmen.

… oder Sie müssen sich noch ein bisschen umschauen:

Your rooms are too expensive, sorry. jɔ ruhms ah tuh ixˈpensiv ˈßɔri
Danke, aber Ihre Zimmer sind zu teuer.

Thank you, but we are looking for a nicer room. θänk ju bat wi ah ˈluking fɔ ə ˈnaißə ruhm
Danke, aber wir suchen ein schöneres Zimmer.

No, I don't want to take the room, thank you. nou ai dount wɔnt tə täik ðə ruhm θänk ju
Nein, ich möchte das Zimmer nicht, danke.

We have to go on looking for a room. wi häv tə gou ɔn ˈluking fɔ ə ruhm
Wir müssen doch weiter nach einem Zimmer suchen.

Well, thanks for your help. wel θänkß fɔ jɔ help
Also, danke für Ihre Hilfe.

But thank you for showing us the rooms. bat θänk ju fɔ ˈschouing aß ðə ruhms
Aber danke, dass Sie uns die Zimmer gezeigt haben.

Thanks for giving us your time. θänkß fɔ ˈgiving aß jɔ taim
Danke, dass Sie sich die Zeit genommen haben.

Service

Vielleicht hat man einen Anruf für Sie entgegengenommen:

Excuse me, I have a call for you here. ixˈkjuhs mi ai häv ə kɔhl fɔ ju hiə
Entschuldigen Sie, ich habe hier ein Gespräch für Sie.

Excuse me, someone called for you. ixˈkjuhs mi ˈßamwan kɔhld fɔ ju
Entschuldigung, jemand hat für Sie angerufen.

There was a call for you from Germany. ðeə wɔs ə kɔhl fɔ ju frɔm ˈdschöməni

Sie hatten einen Anruf aus Deutschland.

Oder Sie möchten sich wecken lassen:

Could you give us a call in the morning, please? kud ju giv aß ə kɔhl in ðə ˈmɔhning plihs

Können Sie uns bitte morgens telefonisch wecken?

At what time? ät wɔt taim

Um wie viel Uhr?

At break of day, please. ät bräik ɔv däi plihs

Bei Tagesanbruch, bitte.

At ..., please. ät ... plihs

Bitte um ... Uhr.

Die Zahlen finden Sie auf Seite 111.

Oder brauchen Sie noch etwas Bestimmtes?

We need another bed/..., please. wi nihd əˈnaðə bed/... plihs

Wir brauchen bitte ein zusätzliches Bett/etc.

bar of soap bar ɔv ßoup

hairdryer ˈheədraiə

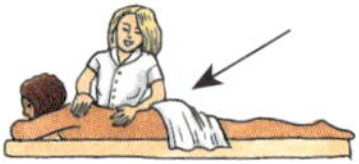

towel ˈtauəl

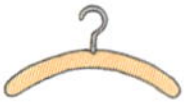

hanger ˈhängə

Could you get one for us? kud ju get wan fɔr aß

Können Sie uns bitte eines/einen holen?

Could I have …, please?
kud ai häv … plihs

Könnte ich bitte … haben?

an iron
än ˈaiən

a sewing kit
ə ˈßouing kit

some shampoo
ßam schämˈpuh

some matches
ßam ˈmätschis

Oder Sie sind vielleicht hungrig oder durstig:

Can we get something to drink in here? kän wi get ˈßamθing tə drink in hiə

Können wir hier drin etwas zu trinken bekommen?

Where can we get something to drink at this time?
weə kän wi get ˈßamθing tə drink ät ðiß taim

Wo kriegen wir um diese Zeit noch etwas zu trinken?

Where can I get something to eat at this time of night?
weə kän ai get ˈßamθing tə iht ät ðiß taim ɔv nait

Wo kann ich zu dieser späten Stunde noch etwas zu essen kriegen?

Where is the nearest takeaway/ …, please? weər is ðə ˈniərißt ˈtäikɔwäi plihs

Wo ist hier bitte das nächste Restaurant mit Straßenverkauf/etc.?

restaurant
ˈreßtərɔnt

bar
bah

café
käˈfäi

supermarket
ˈßuhpəmahkit

When is it open? wen is it ˈoupən	Wann hat es/sie/er geöffnet?
Is it open now? is it ˈoupən nau	Ist es/sie/er jetzt offen?
Can we get a takeaway meal anywhere near? kän wi get ə ˈtäikəwäi mihl ˈeniweə niə	Können wir irgendwo in der Nähe ein Essen zum Mitnehmen bekommen?
Yes, there is a takeaway close by. jeß ðer is ə ˈtäikəwäi klouß bai	Ja, ein Restaurant mit Straßenverkauf ist hier in der Nähe.

Beschwerden

Falls Ihre Zimmernachbarn sich einmal daneben benehmen sollten, können Sie sich so darüber beschweren:

There's something going on in the room next to us. ðeəs ˈßamθing ˈgouing ɔn in ðə ruhm next tə aß	Im Zimmer neben uns ist irgendwas los.
We want to go to bed now. wi wɔnt tə gou tə bed nau	Wir wollen jetzt schlafen gehen.
But like this there's no way we can. bat laik ðiß ðeəs nou wäi wi kän	Aber so ist das auf gar keinen Fall möglich!
There's too much going on in the room next to us. ðeəs tuh matsch ˈgouing ɔn in ðə ruhm next tə aß	Im Zimmer neben uns ist zu viel los.
But we're ready for bed! bat wiə ˈredi fɔ bed	Aber wir sind bettreif!
There's no way we're going to take this. ðeəs nou wäi wiə ˈgouing tə täik ðiß	Wir können das einfach nicht hinnehmen.

We're here to take a break!
wiə hiə tə täik ə bräik

Wir sind hier um auszuspannen!

Would you please see to it* that this doesn't go on!
wud ju plihs ßih tə it ðät ðiß dasnt gou ɔn

Würden Sie bitte dafür sorgen, dass das aufhört!

Vielleicht hilft nur noch der Umzug in ein anderes Zimmer:

I need to have another room!
ai nihd to häv əˈnaðə ruhm

Ich brauche ein anderes Zimmer!

For the time being I don't have another room for you.**
fɔ ðə taim ˈbiing ai dount häv əˈnaðə ruhm fɔ ju

Vorläufig habe ich kein anderes Zimmer für Sie.

But you are going to get another room when I have one.
bat ju ah ˈgouing tə get əˈnaðə ruhm wen ai häv wan

Aber Sie werden ein anderes Zimmer kriegen, wenn ich eines habe.

Sprachtipp

Hier sehen Sie noch einmal, wie man etwas in der Zukunft ausdrücken kann: Man nehme die passende Form von *be* (hier also *are*) plus der festen Form *going to* gefolgt von einem Zeitwort, also *You are going to get another room* (Sie werden ein anderes Zimmer bekommen.).

---

* Achtung feste Wendung:
see to it ßih tə it — dafür sorgen

** Achtung feste Wendung:
for the time being fc ðə taim ˈbiing — vorläufig

Manchmal ist auch der Zimmerservice etwas zu langsam:

Our room is not ready, but we need it now. ˈauə ruhm is nɔt ˈredi, bat wi nihd it nau
Unser Zimmer ist noch nicht gemacht, aber wir brauchen es jetzt.

My room is not ready. mai ruhm is nɔt ˈredi
Mein Zimmer ist noch nicht gemacht.

We don't have much time. wi dount häv matsch taim
Wir haben nur wenig Zeit.

Please get our room ready now. plihs get ˈauə ruhm ˈredi nau
Bitte machen Sie unser Zimmer jetzt fertig.

Oder etwas in Ihrem Zimmer hat den Geist aufgegeben:

Sorry, but the bed/… in our room is broken. ˈßɔri bat ðə bed/ … in ˈauə ruhm is ˈbroukən
Entschuldigung, aber in unserem Zimmer ist das Bett/etc. kaputt.

TV tihˈvih

radiator ˈräidiätə

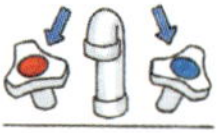

tap täp

bulb balb

Can you fix it right now, please? kän ju fix it rait nau plihs
Können Sie es bitte sofort reparieren?

Don't you have anyone to fix it? dount ju häv ˈeniwan tə fix it
Haben Sie nicht jemanden, der das reparieren kann?

Don't you have anything to fix it with? dount ju häv ˈeniθing tə fix it wið
Haben Sie nichts, mit dem man es reparieren kann?

When is it going to be ready? wen is it ˈgouing tə bi ˈredi
Wann wird es fertig sein?

Urlaubsaktivitäten

Von A nach B kommen

Egal, was Sie unternehmen möchten, Sie werden dabei immer einiges an (unbekannten) Wegen zurücklegen müssen:

Which way do I take to get to … [Ziel], please? witsch wäi du ai täik tə get tə … plihs

Wie komme ich bitte nach …?

Is this the best way to get there? is ðiß ðə beßt wäi tə get ðeə

Ist das der beste Weg, dorthin zu gelangen?

Excuse me, is this the right way to … [Ziel]? ixˈkjuhs mi is ðiß ðə rait wäi tə

Entschuldigung, bin ich hier richtig nach …?

Excuse me, which way from here is … [Ziel]? ixˈkjuhs mi witsch wäi frɔm hiə is

Entschuldigung, in welcher Richtung von hier aus liegt …?

Can we go by …? kän wi gou bai

Können wir mit dem/der … fahren?

bus baß

underground ˈandəgraund

train träin

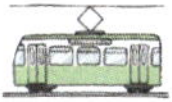

tram träm

And can we get one nearby? änd kän wi get wan ˈniəbai

Und können wir hier in der Nähe einsteigen?

When is the next … to … [Ziel], please? wen is ðə next … tə … plihs

Wann fährt der/die nächste … nach …, bitte?

And is it mostly on time?
änd is it ˈmoustli ɔn taim

Und ist er/sie größtenteils pünktlich?

Sprachtipp

Lassen Sie sich von der Übersetzung „er/sie" für *it* nicht verwirren: Auf Englisch spricht man von den direkt davor genannten Fahrzeugen *bus* und *train* etc. als *it*, sieht sie also als sächlich an (auch wenn die englischen Hauptwörter kein explizites Geschlecht haben). Anders ist es im Deutschen, wo man fragt „Ist er (nämlich der Bus) oder sie (die U-Bahn) pünktlich?".

Have you got the time, please?
häv ju gɔt ðə taim plihs

Wie viel Uhr ist es bitte?

And how much time does it take to get there? änd hau matsch taim das it täik tə get ðeə

Und wie lange dauert es, bis man dort ist?

Shopping

So können Sie das passende Geschäft für Ihre Einkaufswünsche finden:

Excuse me, where is the nearest ..., please? ixˈkjuhs mi weə is ðə ˈniərißt ... plihs

Verzeihung, wo ist bitte das/der nächste ...?

department store
diˈpahtmənt ßtɔ

jeweller
ˈdschuələ

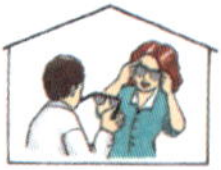

optician
ɔpˈtischn

Excuse me, can I get presents/... anywhere near?
ixˈkjuhs mi kän ai get ˈpresəntß/... ˈeniweə niə

Entschuldigung, bekomme ich irgendwo hier in der Nähe Geschenke/etc.?

clothes
klouðs

newspapers
ˈnjuhspäipəs

films
films

flowers
ˈflouəs

shoes
schuhs

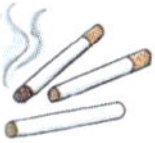

cigarettes
ßigəˈretß

chocolate
ˈtschɔklət

toothpaste
ˈtuhθpäißt

Dann müssen Sie natürlich noch die Öffnungszeiten kennen:

When are you open?
wen ah ju ˈoupən

Wann haben Sie geöffnet?

Are you open on ...?
ah ju ˈoupən ɔn

Haben Sie am ... offen?

Die Wochentage finden Sie auf Seite 112.

Landestipp

Gesetzliche Feiertage sind in Großbritannien die folgenden Tage: Neujahr, Karfreitag, Ostermontag, 1. und 2. Weihnachtstag sowie jedes Jahr auch der erste und letzte Montag im Mai und der letzte Montag im August.

What time do you close?
wɔt taim du ju klous
Um wie viel Uhr schließen Sie?

Which day are you closed?
witsch däi ah ju klousd
An welchem Tag haben Sie Ruhetag?

Und nun begleiten wir Sie bei einem Einkaufsbummel durch die Welt der Mode:

What size is this, please?
wɔt ßais is ðiß plihs
Welche Größe ist das bitte?

What size do you take?
wɔt ßais du ju täik
Welche Größe haben Sie?

With most things I take size …
wið moust θings ai täik ßais
Bei den meisten Sachen habe ich Größe ….

Most of the time I can take size … moust ɔv ðə taim ai kän täik ßais
Meistens passt mir Größe …

Die Zahlen finden Sie auf Seite 111.

But this could be all right for me. bat ðiß kud bi ɔl rait fɔ mi	Das könnte mir aber passen.
Well, we're going to see. wel wiə ˈgouing tə ßih	Nun, das werden wir sehen.
Now, is this size all right for you? nau is ðiß ßais ɔl rait fɔ ju	Und, passt Ihnen diese Größe?
No, this is too large for me. nou ðiß is tuh lahdsch fɔ mi	Nein, das ist mir zu groß.
Do you have it one size smaller, too? du ju häv it wan ßais ˈsmɔlə tuh	Haben Sie es auch eine Größe kleiner?
This is too small for me. ðiß is tuh smɔl fɔ mi	Das ist mir zu klein.
Do you have it one size larger, too? du ju häv it wan ßais ˈlahdschə tuh	Haben Sie es auch eine Größe größer?

Landestipp

Falls einmal die entsprechenden deutschen Größen nicht angegeben sein sollten: Die englische Größe 10 entspricht ungefähr der deutschen Größe 36, die englische Größe 12 der deutschen 38 usw.

Good! That goes with my other things. gud ðät gous wið mai ˈaðə θings	Prima! Das passt zu meinen anderen Sachen!
It goes very well with all the things I have. it gous ˈveri wel wið ɔl ðə θings ai häv	Es passt sehr gut zu allen Sachen, die ich habe.

I don't want it in another size, thank you. ai dount wɔnt it in əˈnaðə ßais θänk ju	Danke, ich möchte es nicht in einer anderen Größe.
It's no good getting it in my size. itß nou gud ˈgeting it in mai ßais **It's not me.** itß nɔt mi	Es bringt nichts, das in meiner Größe zu holen. Das steht mir nicht.
Do you have something like this one here? du ju häv ˈßamθing laik ðiß wan hiə	Haben Sie etwas in der Art wie das hier?
Do you have something like this, but better? du ju häv ˈßamθing laik ðiß bat ˈbetə	Haben Sie etwas Ähnliches, aber in besserer Qualität?
Does this one look good on me? das ðiß wan luk gud ɔn mi	Steht mir dieses da?
It looks very good on you! it lukß ˈveri gud ɔn ju	Es steht Ihnen sehr gut!
Does this one look better on me? das ðiß wan luk ˈbetə ɔn mi	Steht mir das da besser?
That's the very thing I was looking for! ðätß ðə ˈveri θing ai wɔs ˈluking fɔ	Das ist ganz genau das, was ich gesucht habe!
That's the very thing! ðätß ðə ˈveri θing	Genau das ist es!
What a good thing that I can get it here. wɔt ə gud θing ðät ai kän get it hiə	Wie gut, dass ich das hier bekomme.
That's very in right now, isn't it? ðätß ˈveri in rait nau isnt it	Das ist gerade groß in Mode, oder?

You have very nice things here. ju häv ˈveri naiß θings hiə

Sie haben hier sehr schöne Sachen.

Vielleicht möchten Sie Freunden und Bekannten zu Hause mit für Großbritannien typischen Souvenirs eine Freude machen:

Is it all right for me to take this? is it ɔl rait fɔ mi tə täik ðiß

Darf ich das hier mal in die Hand nehmen?

What is this thing good for? wɔt is ðiß θing gud fɔ

Wozu benutzt man diesen Gegenstand?

Are these things from anywhere near here? ah ðihs θings frɔm ˈeniweə niə hiə

Stammen diese Sachen aus der Gegend hier?

I need a nice, but not very expensive present, please. ai nihd ə naiß, bat nɔt ˈveri ixˈpensiv ˈpresənt plihs

Ich brauche ein hübsches, aber nicht so teures Geschenk.

I'm looking for a very nice present. aim ˈluking fɔ ə ˈveri naiß ˈpresənt

Ich suche ein sehr schönes Geschenk.

It can be expensive, too. it kän bi ixˈpensiv tuh

Es kann auch teuer sein.

Landestipp

Als typisches Souvenir aus Großbritannien gilt zum einen Verzehrbares wie Tee, Marmelade, Kekse, Mürbegebäck (*shortbread*) und Schokolade – und natürlich auch der Whisky. Außerdem eignen sich hochwertige Kleidungsstücke aus Schurwolle oder die berühmten wetterfesten Wachsjacken als Mitbringsel – allerdings nur bei einem etwas größeren Budget.

Unterhaltung

What are we going to do next? wɔt ah wi gouing tə du next	Und was machen wir jetzt?
I would like to see a very good show. ai wud laik tə ßih ə ˈveri gud schou	Ich würde gerne eine tolle Show sehen.
What is the best show that is on? wɔt is ðə beßt schou ðät is ɔn	Welches ist die beste Show, die gerade läuft?
What's this show like? wɔtß ðiß schou laik	Wie ist diese Show so?
Can I get tickets for this show here? kän ai get ˈtikətß fɔ ðiß schou hiə	Kann ich hier Karten für diese Show bekommen?
I need some very good tickets, please. ai nihd ßam ˈveri gud ˈtikətß plihs	Ich brauche ein paar sehr gute Eintrittskarten.
How much are the best tickets you have got? hau matsch ah ðə beßt ˈtikətß ju häv gɔt	Was kosten die besten Karten, die Sie da haben?
When does the show start? wen das ðə schou ßtaht	Wann geht die Vorstellung los?
And what time do we have to be there? änd wɔt taim du wi häv tə bi ðeə	Und wann müssen wir dort sein?

> **Landestipp**
> In fast allen größeren Städten gibt es Veranstaltungskalender, die Sie im Hotel oder am Kiosk bekommen können. In London heißt einer von diesen *Time out*.

Essen gehen

Wenn Sie essen gehen möchten, stellt sich zunächst die Frage nach der Essenszeit:

When would you like to eat something? wen wud ju laik tə iht ˈßamθing	Wann möchten Sie gerne etwas essen?
When are we having our next meal? wen ah wi ˈhäving ˈauə next mihl	Wann nehmen wir unsere nächste Mahlzeit ein?
At what time do you eat in the evenings? ät wɔt taim du ju iht in ði ˈihvnings	Um welche Zeit essen Sie immer zu Abend?
In Germany* we don't eat that late. in ˈdschöməni wi dount iht ðät läit	In Deutschland essen wir nicht so spät.
In Germany we eat later in the evening. in ˈdschöməni wi iht ˈläitə in ði ˈihvning	In Deutschland essen wir erst später am Abend.

* **Austria** ˈɔßtriə	Österreich
Switzerland ˈßwitßələnd	die Schweiz

Can we get something to eat right now? kän wi get ˈßamθing tə iht rait nau
Können wir sofort etwas zu essen bekommen?

... und dann natürlich nach dem Was und dem Wie viel:

What would you like to eat? wɔt wud ju laik tə iht
Was möchten Sie gerne essen?

What can I get you, please? wɔt kän ai get ju plihs
Was darf ich Ihnen bringen, bitte?

To start with I'd like ..., please. tə ßtaht wið aid laik ... plihs
Zunächst hätte ich gerne ...

some soup
ßam ßuhp

a salad
ə ˈßäləd

an omelette
än ˈɔmlət

some shrimps
ßam schrimpß

I would like to have ... with ..., please. ai wud laik tə häv ... wið ... plihs
Ich nehme ... mit ...

fish
fisch

lamb
läm

pork
pɔk

chicken
ˈtschikən

peas
pihs

a jacket potato
ə ˈdschäkit pəˈtäitou

chips
tschipß

rice
raiß

And what would you like to drink? änd wɔt wud ju laik tə drink — Und was möchten Sie gerne trinken?

I'd like ..., please. aid laik … plihs — Ich hätte gerne …

some water
ßam ˈwɔtə

some juice
ßam dschuhß

some red wine
ßam red wain

a beer
ə biə

I don't eat very much. ai dount iht ˈveri matsch — Ich esse nie sehr viel.

I can't eat a large meal tonight. ai kahnt iht ə lahdsch mihl təˈnait — Ich kann heute Abend nicht viel essen.

Could I have half of it, please? kud ai häv hahf ɔv it plihs — Könnte ich bitte die Hälfte davon haben?

Could I have half a meal, please? kud ai häv hahf ə mihl plihs — Könnte ich bitte eine halbe Portion haben?

Could I have some more of that, please? kud ai häv ßam mɔ ɔv ðät plihs — Könnte ich davon bitte noch etwas haben?

I could eat this any day – it's that good! ai kud iht ðiß ˈeni däi – itß ðät gud — Ich könnte das jeden Tag essen, so gut schmeckt es!

Would you like some more? wud ju laik ßam mɔ — Möchten Sie noch etwas davon?

No, I can't have any more – but thanks very much. nou ai kahnt häv ˈeni mɔ – bat θänkß ˈveri matsch	Nein, ich kann nicht mehr, aber vielen Dank.

Leider gibt es auch manchmal im Restaurant Grund zur Klage:

That's not what I wanted. ðätß nɔt wɔt ai ˈwɔntid	Das ist nicht das, was ich bestellt habe.
I don't want to eat that. ai dount wɔnt tə iht ðät	Ich möchte das nicht essen.
Sorry, but this is not very good at all. ˈßɔri bat ðiß is nɔt ˈveri gud ät ɔl	Entschuldigung, aber das hier schmeckt überhaupt nicht gut.
There's no way I can eat it. ðeəs nou wäi ai kän iht it	Ich kann das beim besten Willen nicht essen.

Im Pub

Would you like another drink? wud ju laik əˈnaðə drink	Möchten Sie noch etwas zu trinken?
Can I get you another drink, too? kän ai get ju əˈnaðə drink tuh	Darf ich Ihnen noch etwas zu trinken mitbringen?
All right, but the next drink is on me*! ɔl rait bat ðə next drink is ɔn mi	Also gut, aber das nächste Getränk geht auf mich!
That's on me*! ðätß ɔn mi	Das geht auf mich!
I would like to drink to you. ai wud laik tə drink tə ju	Ich möchte gerne auf Sie anstoßen!

* Achtung feste Wendung:
That's on me. ðätß ɔn mi — Das geht auf mich.

I would like to drink to … [Name o. Ä.]. ai wud laik tə drink tə — Ich möchte gerne auf … anstoßen!

Here's to you. hiəs tə ju — Auf dein/Ihr Wohl!

Here's to … [Name]. hiəs tə — Auf …!

No, thanks, I can't have any more. nou θänkß ai kahnt häv ˈeni mɔ — Nein danke, ich kann nichts mehr trinken.

> **Landestipp**
>
> In britischen Pubs können Sie die verschiedenen Biersorten des Landes probieren und dabei die besondere Atmosphäre und Gemütlichkeit erleben. Anders als in deutschen Kneipen ist es üblich sich sein Getränk direkt an der Theke zu bestellen. Kurz vor Schließung ruft der Wirt „last orders, please" woraufhin Sie schnell noch ein Getränk bestellen können.

Bekanntschaften und Flirts

Vielleicht knüpfen Sie vor Ort neue Kontakte oder lernen eine charmante Begleitung kennen:

We're having a do tomorrow night. wiə ˈhäving ə du təˈmɔrou nait — Wir machen morgen Abend eine Fete.

Are you in on it*? ah ju in ɔn it — Bist du auch mit von der Partie?

* Achtung feste Wendung:
be in on bi in ɔn — dabei/mit von der Partie sein

Yes, I would like to very much, thank you. jeß ai wud laik tə ˈveri matsch θänk ju	Ja, ich bin sehr gerne dabei, danke.
Are you here with anyone? ah ju hiə wið ˈeniwan	Bist du mit jemandem hier?
Can I take you somewhere tonight? kän ai täik ju ˈßamweə təˈnait	Darf ich dich heute Abend irgendwohin einladen?
Do you have time tonight? du ju häv taim təˈnait	Hast du heute Abend Zeit?
Yes, I do. jeß ai du	Ja, ich habe Zeit.
All right, this is our evening. ɔl rait ðiß is ˈauə ˈihvning	Gut, das ist also unser Abend.
Can I pay for your meal, too? kän ai päi fɔ jɔ mihl tuh	Darf ich dein Essen mitbezahlen?
That's very nice of you, thanks. ðätß ˈveri naiß ɔv ju θänkß	Das ist sehr nett von dir, danke.
Thank you, but I would like to pay for my meal. θänk ju bat ai wud laik tə päi fɔ mai mihl	Danke, aber ich möchte mein Essen selbst zahlen.
Can I see you tomorrow? kän ai ßih ju təˈmɔrou	Kann ich dich morgen wieder treffen?

Vielleicht sind Sie sich sogar mehr als nur sympathisch:

It's very nice to be with you. itß ˈveri naiß tə bi wið ju	Es ist sehr schön, mit dir Zeit zu verbringen.
How time goes when I'm with you … hau taim gous wen aim wið ju	Wie die Zeit vergeht, wenn ich bei dir bin …

I like the way you look very much. ai laik ðə wäi ju luk ˈveri matsch	Ich finde dich sehr attraktiv.
I like you very much. ai laik ju ˈveri matsch	Ich mag dich sehr gerne.
I like being with you very much. ai laik ˈbiing wið ju ˈveri matsch	Ich bin sehr gerne mit dir zusammen.
We're close, aren't we? wiə klouß ahnt wi	Wir sind uns nahe, findest du nicht?
I want to be with you night and day. ai wɔnt tə bi wið ju nait änd däi	Ich möchte Tag und Nacht mit dir zusammen sein!
I would like to get much closer to you. ai wud laik tə get matsch ˈkloußə tə ju	Ich würde dir gerne noch viel näher kommen.

Und vielleicht gibt es sogar eine Fortsetzung in der Heimat:

Wouldn't you like to see me in Germany*? wudnt ju laik tə ßih mi in ˈdschöməni	Möchtest du mich nicht in Deutschland besuchen?
Wouldn't you like to go to Germany one day? wudnt ju laik tə gou tə ˈdschöməni wan däi	Möchtest du nicht mal irgendwann nach Deutschland reisen?

* **Austria** ˈɔßtriə — Österreich
Switzerland ˈßwitßələnd — die Schweiz

Andernfalls können Sie so reagieren, um unerwünschte Einladungen bzw. allzu heftige Avancen abzulehnen:

Thanks, but I have too many things to do. θänkß bat ai häv tuh ˈmeni θings tə du	Ich habe zu viel zu tun, danke.
I have better things to do! ai häv ˈbetə θings tə du	Ich habe Besseres zu tun!
Sorry, but I'm seeing someone*. ˈßɔri bat aim ˈßiing ˈßamwan	Tut mir leid, aber ich bin mit jemandem zusammen.
I'm here with someone, you see. aim hiə wið ˈßamwan ju ßih	Ich bin mit jemandem hier, verstehst du?
Sorry, but what you're doing is all lost on me. ˈßɔri bat wɔt juə ˈduing is ɔl lɔßt ɔn mi	Tut mir leid, aber was du da veranstaltest, lässt mich völlig kalt.
All that to-do is lost on me.** ɔl ðät təˈduh is lɔßt ɔn mi	Dieses ganze Trara macht keinen Eindruck auf mich.
Don't you see that there's no room for two here? dount ju ßih ðät ðeəs nou ruhm fɔ tuh hiə	Siehst du nicht, dass hier für zwei kein Platz ist?
Give me a break! giv mi ə bräik **I don't want anything from you.** ai dount wɔnt ˈeniθing frɔm ju	Jetzt halt mal die Luft an! Ich will nichts von dir.

---

* Achtung feste Wendung: **be seeing someone** bi ˈßiing ˈßamwan	mit jemandem zusammen sein
** Achtung feste Wendung: **to-do** təˈduh	Trara, Getue

I want to go to bed now – but in my room and not with you!
ai wɔnt tə gou tə bed nau – bat in mai ruhm änd nɔt wið ju

Ich will jetzt schlafen gehen – aber in meinem Zimmer und nicht mit dir!

I don't want to go all the way with you*. ai dount wɔnt tə gou ɔl ðə wäi wið ju

Ich möchte nicht mit dir schlafen.

Please take me to my room now and go. plihs täik mi tə mai ruhm nau änd gou

Bitte bring mich jetzt zu meinem Zimmer und geh.

I want you to go now.
ai wɔnt ju tə gou nau

Ich will, dass du jetzt gehst.

Sprachtipp

Wie Sie an diesem Satz sehen, kann man im Englischen einen Wunsch oder Befehl ganz einfach mit *to* und der Grundform des Zeitworts ausdrücken: *I want you to go* (Ich will, dass du gehst.). Im Deutschen geht das nur mit einem „dass"-Satz.

* Achtung feste Wendung:
go all the way with someone – mit jemandem schlafen
gou ɔl ðə wäi wið ˈßamwan

Notfälle und Missgeschicke

Hilfe holen

Could you please help me? kud ju plihs help mi	Könnten Sie mir bitte helfen?
Can you help me, please? kän ju help mi plihs	Können Sie mir bitte helfen?
But for that I need to take you with me. bat fɔ ðät ai nihd tə täik ju wið mi	Dazu muss ich Sie aber mitnehmen.
I need some help, please! ai nihd ßam help plihs	Ich brauche Hilfe!
Help! help	Hilfe!
Get some help! get ßam help	Holen Sie Hilfe!
Get someone to help us! get ˈßamwan tə help aß	Holen Sie jemanden zu Hilfe!
Don't look on, help us! dount luk ɔn help aß	Schauen Sie nicht einfach zu, sondern helfen Sie uns!
We have to call for help now! wi häv tə kɔhl fɔ help nau	Wir müssen jetzt Hilfe rufen!
You have to help us right away! ju häv tə help aß rait əˈwäi	Sie müssen uns sofort helfen!
Get going! get ˈgouing	Na los!

Landestipp

Unter der gebührenfreien Rufnummer 999 kann man in Notfällen rund um die Uhr die Polizei, Feuerwehr oder einen Krankenwagen rufen.

Unfall

Bestenfalls kommt man noch einmal mit dem Schrecken davon:

Are you all right? ah ju ɔl rait	Ist Ihnen etwas passiert?
It's a good thing you are all right. itß ə gud θing ju ah ɔl rait	Ein Glück, dass Ihnen nichts passiert ist!
It's a good thing you didn't get here later. itß ə gud θing ju didnt get hiə ˈläitə	Ein Glück, dass Sie nicht später hier angekommen sind.
That was a near thing! ðät wɔs ə niə θing	Das hätte ganz schön ins Auge gehen können!
What a good thing you didn't break anything! wɔt ə gud θing ju didnt bräik ˈeniθing	Wie gut, dass Sie sich nichts gebrochen haben!

Doch wenn es zu einem Schaden gekommen ist, taucht natürlich die Frage nach der Schuld auf:

But I had right of way*! bat ai häd rait ɔv wäi	Aber ich hatte Vorfahrt!
You had to give way, don't you see?** ju häd tə giv wäi, dount ju ßih	Sie mussten Vorfahrt gewähren, sehen Sie nicht?
Yes, you're right. jeß juə rait **I didn't see it at all.** ai didnt ßih it ät ɔl	Ja, Sie haben Recht. Das habe ich gar nicht gesehen.

---

* Achtung feste Wendung:
right of way rait ɔv wäi — Vorfahrt

** Achtung feste Wendung:
to give way tə giv wäi — Vorfahrt gewähren

Well, you looked the other way! wel ju lukt ði ˈaðə wäi	Naja, Sie haben ja weggeschaut!
You didn't look my way! ju didnt luk mai wäi	Sie haben nicht in meine Richtung geschaut!
I couldn't see you at all. ai kudnt ßih ju ät ɔl	Ich konnte Sie überhaupt nicht sehen.
You were much too close to me. ju wöh matsch tuh klouß tə mi	Sie waren viel zu nah an mir dran.
And what were you doing on the right? änd wɔt wöh ju ˈduing ɔn ðə rait	Was hatten Sie denn rechts zu suchen?
There was no time to do anything at all. ðeə wɔs nou taim tə du ˈeniθing ät ɔl	Es war überhaupt keine Zeit mehr, irgendetwas zu tun.
It was too late. it wɔs tuh läit	Es war zu spät.
I can't help it. ai kahnt help it	Ich kann nichts dafür.
It's no good going on like this. itß nou gud ˈgouing ɔn laik ðiß	Das führt doch zu nichts, jetzt so weiterzumachen.
Please call … plihs kɔhl	Bitte rufen Sie …

a breakdown truck
ə ˈbräikdaun trak

an ambulance
än ˈämbjulənß

the police
ðə pəˈlihß

Verlust und Diebstahl

My ticket/... is gone!
mai ˈtikət is gɔn
My! I lost it! mai ai lɔßt it

Mein Ticket/etc. ist verschwunden!
Meine Güte! Ich habe es verloren!

handbag
ˈhändbäg

purse
pöß

passport
ˈpahßpɔt

watch
wɔtsch

Where did you lose it?
weə did ju luhs it

Wo haben Sie es verloren?

There was a break-in at our room/... ðeə wɔs ə ˈbräik-in ät ˈauə ruhm

Es gab einen Einbruch in unser Zimmer/etc.

car
kah

caravan
ˈkärəvän

coach
koutsch

All my things are gone!
ɔl mai θings ah gɔn

Alle meine Sachen sind verschwunden!

Arztbesuch

Next, please. next plihs

Der Nächste bitte.

You are next. ju ah next

Sie sind als Nächster dran.

What can I do for you?
wɔt kän ai du fɔ ju

Welche Beschwerden haben Sie?

I'm not at all well.
aim nɔt ät ɔl wel

Ich fühle mich überhaupt nicht wohl.

This [deutend] is where I am not well. ðiß is weə ai äm nɔt wel

Hier fühle ich mich nicht gut.

My … is not all right.
mai … is nɔt ɔl rait

Mit meinem … stimmt etwas nicht.

heart
haht

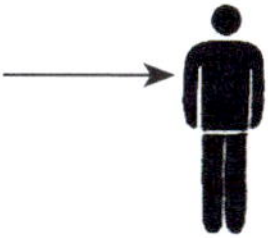

arm
ahm

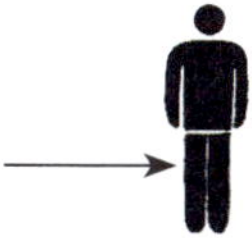

leg
leg

I have to have a closer look at you. ai häv tə häv ə ˈkloußə luk ät ju

Das muss ich mir genauer ansehen.

Could you give me something for it, please? kud ju giv mi ˈßamθing fɔ it plihs

Können Sie mir bitte etwas dagegen geben?

When am I going to be better?
wen äm ai ˈgouing tə bi ˈbetə

Wann wird es mir wieder besser gehen?

Landestipp

In Großbritannien werden Ausländer im Rahmen des staatlichen Gesundheitsdienstes *National Health Service* kostenlos ärztlich behandelt, wenn sie einen Internationalen Krankenschein vorlegen.

In Bedrängnis

Wenn Sie jemand bedrängt, ausfallend wird oder sich mit Ihnen anlegen möchte, können Sie sich so wehren:

I have no time for you. ai häv nou taim fɔ ju	Ich habe nichts für Sie übrig.
I don't want you anywhere near me. ai dount wɔnt ju ˈeniweə niə mi	Ich möchte Sie absolut nicht in meiner Nähe haben.
Don't you get it? dount ju get it	Kapieren Sie das nicht?
What gets me* is the way you're looking at me. wɔt getß mi is ðə wäi juə ˈluking ät mi	Es geht mir auf die Nerven, wie Sie mich anschauen.
Get lost! get lɔßt	Verschwinde!/Hau ab!
Get lost right now! get lɔßt rait nau	Hau sofort ab!
What's it to you? wɔtß it tə ju	Was geht Sie das an?
Don't you call me names!** dount ju kɔhl mi näims	Beschimpfen Sie mich bloß nicht!
I'm not having that!* ** aim nɔt ˈhäving ðät	Das dulde ich nicht!

* Achtung feste Wendung: **That gets me.** ðät getß mi — Das geht mir auf die Nerven!

** Achtung feste Wendung: **call someone names** kɔhl ˈßamwan näims — jemanden beschimpfen

*** Achtung feste Wendung: **I'm not having that!** aim nɔt ˈhäving ðät — Das dulde ich nicht!

I'm going to call for help. Ich werde um Hilfe rufen.
aim ˈgouing tə kɔhl fɔ help

Und so können Sie dem Wortgefecht ein Ende bereiten:

That doesn't get us anywhere. Das führt so zu nichts.
ðät dasnt get aß ˈeniweə

Well, have it your way*! Dann sollst du eben Recht haben!
wel häv it jɔ wäi

Falls Sie sich einmal verlaufen haben, können Sie sagen:

Excuse me, but I'm lost. Entschuldigen Sie, ich habe mich verirrt.
ixˈkjuhs mi, bat aim lɔßt
Are you from here? ah ju frɔm hiə Sind Sie von hier?

Can you help me with the right way, please? kän ju help mi wið ðə rait wäi plihs Können Sie mir bitte mit dem richtigen Weg dienen?

I'm lost. aim lɔßt Ich habe mich verlaufen.
Could you help me get to ..., please? kud ju help mi get tə ... plihs Können Sie mir bitte helfen nach ... zu gelangen?

Where am I? weər əm ai Wo bin ich?
How did I get here at all? Wie bin ich überhaupt hierher gekommen?
hau did ai get hiə ät ɔl

I have to go to ... and now I'm very late. ai häv tə gou tə ... änd nau aim ˈveri läit Ich muss nach ... und jetzt bin ich sehr spät dran.

---

* Achtung feste Wendung:
Have it your way! häv it jɔ wäi Dann sollst du Recht haben!

Which is the best way to get there in no time? witsch is ðə beßt wäi tə get ðeə in nou taim

Was ist der schnellste Weg dorthin zu kommen?

Missgeschicke

Falls Ihnen oder Ihrer Begleitung ein Missgeschick passiert sein sollte, können Sie sagen:

Your bed/… is broken. jɔ bed/… is ˈbroukən

Ihr Bett/etc. ist kaputt.

It was me. it wɔs mi

Ich bin es gewesen.

TV
tihˈvih

glass
glahß

camera
ˈkämərə

I'm very sorry. aim ˈveri ˈßɔri

Es tut mir sehr leid.

We're very sorry. wiə ˈveri ˈßɔri

Es tut uns sehr leid.

I'm not very good at fixing things. aim nɔt ˈveri gud ät ˈfixing θings

Ich bin nicht sehr gut im Reparieren von Dingen.

But can I please pay for someone to fix it? bat kän ai plihs päi fɔ ˈßamwan tə fix it

Kann ich aber bitte jemanden bezahlen, der das repariert?

Could we please pay for that? kud wi plihs päi fɔ ðät

Können wir das bitte bezahlen?

I didn't want that, sorry. ai didnt wɔnt ðät ˈßɔri	Das wollte ich nicht, Entschuldigung.
I didn't want to break it. ai didnt wɔnt tə bräik it	Ich wollte es doch nicht kaputtmachen.
We didn't want that at all, sorry. wi didnt wɔnt ðät ät ɔl ˈßɔri	Das wollten wir überhaupt, nicht. Entschuldigung!

Wenn Sie sich verspätet haben, können Sie sich so entschuldigen:

We're sorry we're that late. wiə ˈßɔri wiə ðät läit	Es tut uns leid, dass wir uns so sehr verspätet haben.
I'm sorry that I'm not ready. aim ˈßɔri ðät aim nɔt ˈredi	Es tut mir leid, dass ich noch nicht fertig bin.
We're sorry we're not ready. wiə ˈßɔri wiə nɔt ˈredi	Es tut uns leid, dass wir noch nicht fertig sind.
We're getting ready right away. wiə ˈgeting ˈredi rait əˈwäi	Wir machen uns sofort fertig.

Wörterbuch

A

a ə ein/eine
all ɔl alle, alles
in all in ɔl insgesamt
all right ɔl rait ganz recht; in Ordnung
That's all right! ðätß ɔl rait Bitte sehr!
All the best! ɔl ðə beßt Alles Gute!
am əm bin
ambulance ˈämbjulənß Krankenwagen
an än ein/eine
and änd und
another əˈnaðə ein anderer/eine andere/ein anderes
any ˈeni einige, ein paar
anyone ˈeniwan (irgend)jemand
anything ˈeniθing (irgend)etwas
like anything laik ˈeniθing wie verrückt
anywhere ˈeniweə irgendwo
are ah bist; sind
arm ahm Arm
at ät auf, in
at all at ɔl überhaupt
at most ät moust höchstens
Austria ˈɔßtriə Österreich
Austrian ˈɔßtriən österreichisch
away əˈwäi weg, fort
be away bi əˈwäi verreist sein

B

bar bah Bar
bar of soap bar ɔv ßoup Stück Seife
bath bahθ Badewanne, Bad
be bi sein
beach bihtsch Strand
bed bed Bett
bed and breakfast bed änd ˈbrekfəst Zimmer mit Frühstück
beer biə Bier
better ˈbetə besser
break bräik kaputtmachen, (zer-)brechen; Pause, Ferien
breakdown truck ˈbräikdaun trak Abschleppwagen
break in bräik in einbrechen
break-in ˈbräik-in Einbruch
break of day bräik ɔv däi Tagesanbruch
broken ˈbroukən kaputt; gebrochen

bulb balb Glühbirne
bus baß Bus
but bat aber
by bai bis, mit, bei
by and by bai änd bai bald, nach und nach
by and large bai änd lahdsch im Großen und Ganzen

C

café käˈfäi Café
call kɔl anrufen; Anruf
called kɔld gerufen, namens
call someone names kɔhl ˈßamwan näims jemanden beschimpfen
camera ˈkämərə Fotoapparat
campground ˈkämpgraund Campingplatz
can kän können
car kah Auto
caravan ˈkärəvän Wohnwagen
cat kät Katze
chicken ˈtschikən Huhn
chips tschipß Pommes frites
chocolate ˈtschɔkələt Schokolade
church tschöhtsch Kirche
cigarettes ßigəˈretß Zigaretten
city ˈßiti (Groß)Stadt
close klous schließen
closed klousd geschlossen
close klouß nah; schwül
clothes klouðs Kleidung
coach koutsch Reisebus
coffee ˈkɔfi Kaffee
concert ˈkɔnßət Konzert
could kud konnte; könnte
countryside ˈkantrisaid Landschaft

D

day däi Tag
department store diˈpahtmənt ßtɔ Kaufhaus
did did tat [Vergangenheit von *do*]
do du tun, machen; lernen; Fete
does das tut
do's and don'ts duhs änd dountß Regeln
do well du wel gut gehen, Erfolg haben
dog dɔg Hund
dress dreß Kleid
drink drink trinken; Getränk
drink to someone drink tu ˈßamwan auf jemanden anstoßen

E

eat iht essen
evening ˈihvning Abend

Excuse me, ... ix'kjuhs mi Entschuldigen Sie, ...
expensive ix'pensiv teuer

F

film film Film
fish fisch Fisch
fix fix reparieren
fixed fixt fest(gelegt), repariert
flowers 'flouəs Blumen
for fɔ für; denn
for good fɔ gud endgültig
from frɔm von, aus

G

game gäim Spiel
German 'dschömən deutsch
Germany 'dschöməni Deutschland
get get bekommen, werden; verstehen
That gets me! ðät getß mi Das geht mir auf die Nerven!
Get going! get 'gouing Na los!
Get lost! get lɔßt Verschwinde!
get on with get ɔn wið auskommen mit
get somewhere get 'ßamweə Fortschritte machen
give giv geben
give away giv ə'wäi hergeben
give way giv wäi Vorfahrt gewähren
Give me a break! giv mi ə bräik Halt mal die Luft an!/Hör schon auf!
glass glahß Glas
go gou gehen
on the go ɔn ðə gou auf Achse, unterwegs
go all the way with someone gou ɔl ðə wäi wið 'ßamwan mit jemandem schlafen
go by gou bai fahren mit [Fahrzeug]
go for gou fɔ nehmen; stehen auf
go on gou ɔn weitermachen; passieren
goes gous geht
going to 'gouing tə werden [für Zukunftsform]
gone gɔn verloren, verschwunden
good gud gut
be good at bi gud ät gut können, gut sein in
have a good time häv ə gud taim sich amüsieren
Goodbye. gud'bai Auf Wiedersehen.
got gɔt bekam [Vergangenheit von *get*]

H

had häd hatte [Vergangenheit von *have*]
hairdryer ˈheədraiə Föhn
half hahf halb; Hälfte
handbag ˈhändbäg Handtasche
hanger ˈhängə Kleiderbügel
has häs hat
have häv haben
Are you having me on? ah ju ˈhäving mi ɔn Wollen Sie mich auf den Arm nehmen?
I'm not having that! aim nɔt ˈhäving ðät Das dulde ich nicht!
have to häv tə müssen
heart haht Herz
Hello. həˈlou Guten Tag/Morgen/Abend.
help help helfen; Hilfe
can't help it kahnt help it nichts ändern/dafür können
here hiə hier
Here's to you! hiəs tə ju Auf Ihr Wohl!
hotel houˈtel Hotel
how hau wie
How are things? hau ah θings Wie stehts?
How do you do? hau du ju du Sehr erfreut (Sie kennen zu lernen).

I

I ai ich
in in in; in Mode
be in on bi in ɔn dabei/mit von der Partie sein
is is ist
iron ˈaiən Bügeleisen
it it es

J

jacket potato ˈdschäkit pəˈtäitou Folienkartoffel
jeweller ˈdschuələ Juwelier
juice dschuhß Saft

L

lamb läm Lamm(fleisch)
large lahdsch groß
late läit spät
leg leg Bein
like laik mögen, gefallen; wie
look luk schauen; Blick
looking for ˈluking fɔ suchen
look on luk ɔn zusehen
lose luhs verlieren
lost loßt verirrt, verloren
It's lost on me. itß lɔßt ɔn mi Es macht keinen Eindruck auf mich.

M

many ˈmeni viel/viele
map mäp Karte, Stadtplan
matches ˈmätschis Streichhölzer
me mi mir/mich
meal mihl Mahlzeit, Essen
mealtimes ˈmihltaims Essenszeiten
more mɔ mehr
morning ˈmɔhning Morgen
most moust meist, am meisten
mostly ˈmoustli größtenteils
mountains ˈmauntins Berge
movie ˈmuhvi Film
much matsch viel
museum mjuˈsiəm Museum
my mai mein/meine
My! mai Meine Güte!

N

name näim Name; (be)nennen
  have a name for häv ə näim fɔ bekannt sein für
near niə nah
nearby ˈniəbai nahe gelegen
need nihd brauchen
newspaper ˈnjuhspäipə Zeitung
next next nächst
nice naiß nett; schön
night nait Nacht
  have late nights häv läit naitß spät ins Bett gehen
nightclub ˈnaitklab Nachtklub
no nou nein; kein/keine
not nɔt nicht
  It's not me. itß nɔt mi Das steht mir nicht.
Not at all! nɔt ät ɔl Gern geschehen!
now nau jetzt, sofort

O

of ɔv von
omelette ˈɔmlət Omelett
on ɔn auf; in
  That's on me. ðätß ɔn mi Das geht auf mich.
  be on bi ɔn laufen [z. B. Musical]
one wan eins
open ˈoupən öffnen; geöffnet; offen
opening times ˈoupəning taims Öffnungszeiten
optician ɔpˈtischn Optiker
other ˈaðə andere, übrige
  the other day ði ˈaðə däi neulich
our ˈauə unser/unsere

P

passport ˈpahßpɔt Pass
pay päi (be)zahlen

peas pihs Erbsen
play pläi Theaterstück
please plihs bitte; gefallen, erfreuen
be pleased with bi plihsd wið zufrieden sein mit
police pə'lihß Polizei
pool puhl Schwimmbecken
pork pɔk Schweinefleisch
present 'presənt Geschenk; Gegenwart
at present ät 'presənt zurzeit, momentan
purse pöß Geldbeutel

R

radiator 'räidiätə Heizung
rain räin Regen
ready 'redi fertig
red red rot
restaurant 'reßtərɔnt Restaurant
rice raiß Reis
right rait richtig; rechts; Recht
right now rait nau sofort
right of way rait ɔv wäi Vorfahrt
room ruhm Zimmer; Platz

S

salad 'ßäləd Salat
sea ßih Meer
see ßih sehen; besuchen
I see. ai ßih Aha!
be seeing someone bi 'ßiing 'ßamwan mit jemandem zusammen sein
see to ßih tə dafür sorgen
See you! ßih ju Tschüs!
service 'söhviß Service
sewing kit 'ßouing kit Nähzeug
shampoo schäm'puh Haarshampoo
shirt schöht Hemd
shoes schuhs Schuhe
show schou zeigen; Vorstellung, Show
shower 'schauə Dusche
shrimps schrimpß Garnelen
size ßais Größe
skirt ßköht Rock
small smɔl klein
some ßam einige, ein paar
someone 'ßamwan (irgend)jemand
something 'ßamθing (irgend)etwas
somewhere 'ßamweə irgendwo
Sorry. 'ßɔri Verzeihung./ Es tut mir leid.
Sorry? 'ßɔri Wie bitte?
soup ßuhp Suppe
start ßtaht beginnen; Beginn
to start with tə ßtaht wið für den Anfang, zunächst

street map ßtriht mäp Stadtplan
sun ßan Sonne
supermarket ˈßuhpəmahkit Supermarkt
Swiss ßwiß schweizerisch
Switzerland ˈßwitßələnd die Schweiz

T

take täik nehmen; dauern
takeaway ˈtäikəwäi Restaurant mit Straßenverkauf
tap täp Wasserhahn
tea tih Tee
tennis court ˈteniß koht Tennisplatz
tent tent Zelt
thank θänk danken
thanks θänkß Dank
that ðät jener/jene/jenes, das; so; dass
the ðə der/die/das
theatre ˈθiətə Theater
there ðeə dort
There is/There are ... ðeə is/ðeə ah Es gibt ...
There you are. ðeə ju ah Bitte.
these ðihs diese [Mehrzahl]
thing θing Ding, Sache
It's one of those things! itß wan ɔv ðous θings Da kann man nichts machen!
this ðiß dieser/diese/dieses
those ðous jene [Mehrzahl]
ticket ˈtikət Fahrkarte; Eintrittskarte; Ticket
tie tai Krawatte
time taim Zeit; Mal
for the time being fɔ ðə taim ˈbiing vorläufig
in no time in nou taim schnell, im Nu
have no time for someone häv nou taim fɔ ˈßamwan für jemanden nichts übrig haben
to tə nach, zu
to-do təˈduh Trara, Getue
today təˈdäi heute
toilet ˈtoilət Toilette
tomorrow təˈmɔrou morgen
tonight təˈnait heute Abend/Nacht
too tuh auch; zu ...
toothpaste ˈtuhθpäißt Zahnpasta
tourist office ˈtuərist ˈɔfiß Fremdenverkehrsamt
towel ˈtauəl Handtuch
train träin Zug
tram träm Straßenbahn
TV tihˈvih Fernseher
two tuh zwei

U

underground ˈandəgraund U-Bahn
us aß uns

V

very ˈveri sehr

W

want to wɔnt tə wollen
was wɔs war [Vergangenheit von *be*]
watch wɔtsch (Armband)Uhr
water ˈwɔtə Wasser
way wäi Weg; Art und Weise
by the way bai ðə wäi übrigens
no way nou wäi auf keinen Fall
Have it your way! häv it jɔ wäi Dann sollst du Recht haben!
we wi wir
well wel gut [Umstandswort]; gesund; also; durchaus
went went ging [Vergangenheit von *go*]
were wöh warst; waren [Vergangenheit von *be*]
what wɔt was
What's it to you? wɔtß it tə ju Was geht Sie das an?
when wen wann; (dann) wenn
where weə wo
which witsch welcher/welche/welches
wine wain Wein
with wið mit
Are you with me? ah ju wið mi Können Sie mir folgen?
would like wud laik möchte(n) gerne; würde gerne

Y

yes jeß ja
you ju du; Sie; ihr
your jɔ dein(e); Ihr(e); euer(e)

Z

zoo suh Zoo

Zahlen

0	1	2	3
zero	**one**	**two**	**three**
ˈsiərou	wan	tuh	θrih
4	5	6	7
four	**five**	**six**	**seven**
fɔ	faiv	ßix	ˈßevən
8	9	10	11
eight	**nine**	**ten**	**eleven**
äit	nain	ten	iˈlevən
12	13	14	15
twelve	**thirteen**	**fourteen**	**fifteen**
twelv	θöˈtihn	fɔˈtihn	fifˈtihn
16	17	18	19
sixteen	**seventeen**	**eighteen**	**nineteen**
ßixˈtihn	ßevənˈtihn	äiˈtihn	nainˈtihn
20	21	22	30
twenty	**twenty-one**	**twenty-two**	**thirty**
ˈtwenti	twentiˈwan	twentiˈtuh	ˈθöti
31	40	41	50
thirty-one	**forty**	**forty-one**	**fifty**
θötiˈwan	ˈfɔti	fɔtiˈwan	ˈfifti
51	60	61	70
fifty-one	**sixty**	**sixty-one**	**seventy**
fiftiˈwan	ˈßixti	ßixtiˈwan	ˈßevənti
71	80	81	90
seventy-one	**eighty**	**eighty-one**	**ninety**
ßeventiˈwan	ˈäiti	äitiˈwan	ˈnainti

91 **ninety-one** nainti'wan	100 **a hundred** ə 'handrəd	101 **a hundred and one** ə 'handrəd ənd 'wan	200 **two hundred** 'tuh 'handrəd
1000 **a thousand** ə 'θausənd	2000 **two thousand** 'tuh 'θausənd	676 **six hundred and seventy-six** 'ßix 'handrəd ənd 'ßevənti 'ßix	

Wochentage

Montag **Monday** 'mandäi	Dienstag **Tuesday** 'tjuhsdäi	Mittwoch **Wednesday** 'wensdäi	Donnerstag **Thursday** 'θösdäi
Freitag **Friday** 'fraidäi	Samstag **Saturday** 'ßätədäi	Sonntag **Sunday** 'ßandäi	